수의 만들기

가족의 마지막 옷을 손쉽게 만들 수 있는

수의 만들기

2007년 8월 6일 초판 1쇄 인쇄
2007년 8월 13일 초판 1쇄 발행

저 자 ㅣ 남 민 이
발행인 ㅣ 김 동 금
발행처 ㅣ 우리출판사

주 소 ㅣ 서울특별시 서대문구 충정로3가 1-38호
등 록 ㅣ 9-139
전 화 ㅣ (02) 313-5047 · 5056
팩 스 ㅣ (02) 393-9696
E-mail ㅣ wooribook@chollian.net

ⓒ 남민이 2007, Printed in Korea

ISBN : 978-89-7561-255-8   13630

값 25,000원

* 잘못 만들어진 책은 교환해 드립니다

가족의 마지막 옷을 손쉽게 만들 수 있는

수의 만들기

머리말

우리 민족은 예(禮)를 중시하는 문화를 가졌으며, 특히 죽음을 종말로 보지 않고 새로운 출발로 보는 내세사상(來世思想)을 믿어왔기 때문에 죽은 사람을 극진하게 후장(厚葬)하여 존경과 추앙을 표시하였다. 이러한 예는 우리 민족의 생활양식의 일부로서 전승되어왔고 민족의 문화라 할 수 있으며, 지금까지도 비교적 잘 지켜져 내려오고 있다.

수의란 죽은 사람에게 입히는 예복으로 살아생전 최고의 예를 갖춘 의복이라 할 수 있다.

옛날에는 결혼할 때 만들어가서 평소에 예복으로 입다가 죽었을 때 생전의 예복이 있는 경우는 그대로 입히지만 없을 경우나 새로운 의복을 입히고자 할 때는 다시 만들었다. 생전에 자손이 미리 준비해 두면 부모가 장수한다고 하여 손이 없는 날이나 거리낌이 없는 윤달에 수의를 장만하기도 하였다. 그러나 요즘은 한가할 때 본인이나 자손이 직접 만들어 준비하기도 한다.

그리고 수의가 생전의 예복이기도 했기 때문에 현대에는 생전의 예복으로서 요즘의 한복이 될 수도 있으며 또한 양복이나 개량 한복 등 예복으로서 입을 수 있는 모든 옷들도 입히기 편리하도록 크기가 좀 넉넉하고, 매장이나 화장 시 공해를 유발시키지 않는 천연섬유로 만들어진다면 수의로 가능하다고 할 수 있다. 하지만 오랜 관습으로 인하여 아직도 전통 한복으로 된 수의가 주를 이루고 있기 때문에 본서에서는 전통 한복의 품목으로 이루어진 수의를 다루고자 한다.

여러차례 수의제작에 관한 강좌를 진행하면서 직접 조사한 수치를 참고로 하여 치수를 제시하였기 때문에 일반 한복의 수의 치수와는 차이가 있고, 수의라는 특수성에 따르는 의미와 상징이 내포된 방법이 가미되어 일반 한복과 제작방법이나 모양 등에 약간의 차이가 있다.

이 책은 수의를 손수 제작하고자 하는 사람들이 보고 쉽게 만들 수 있도록 구성하였으며, 아직은 시중에 수의 제작에 관한 서적이 전무하기 때문에 수의를 처음 만들어 보는 사람은 물론 강좌를 진행하거나 관심있는 분들에게 도움이 되도록 엮어보았다.

이 책의 부족하고 미비한 점들은 앞으로 수정 보완하고자 한다.

2007년 4월   남 민 이

차 례

Ⅲ. 수의 관리 및 입히기

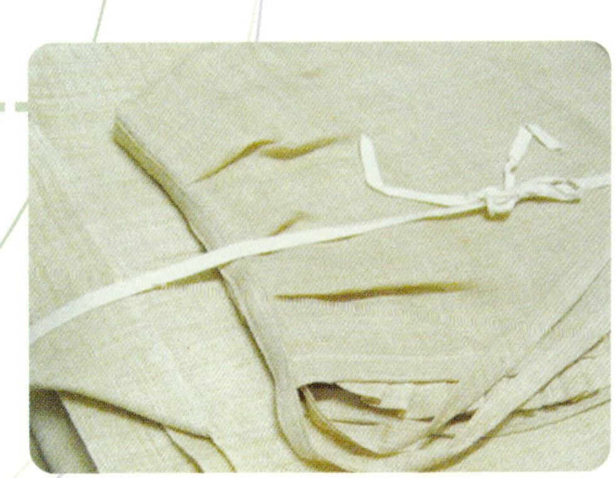

Ⅰ. 수의의 이해

1. 수의의 개념 및 특징

　세상에 태어난 사람은 반드시 죽으며, 죽음은 이 세상에서 최후로 통과하는 관문으로서 또 다른 세상으로의 출발을 의미하기도 한다. 현세의 계속으로서 저세상에서도 새로운 인생이 시작된다고 보는 내세사상은 영혼불멸과 내세영생의 생사관(生死觀)으로서 민족의 오랜 역사적 배경 속에서 형성되었기 때문에 민족의 관념적 사고를 잘 나타내고 있다.

　민족이 지니는 고유한 문화는 보편적이며 일반적으로 나타나고 있는 가치관(價値觀)으로서 오랜 세월 그 민족만의 독특한 생활을 통해 생활의 일부로서 정착되어 전승되어져 왔다.

　특히 우리 민족은 예(禮)를 중시하여 사례(四禮)의 내용이 되는 관혼상제(冠婚喪祭) 중 상례를 매우 중시하였고, 죽음을 종말로 보지 않고 새로운 출발로 보는 내세사상(來世思想)을 믿어왔기 때문에 죽은 사람을 극진하게 후장(厚葬)하여 존경과 추앙을 표시하였다.

　그러므로 죽음의 관한 의례는 슬픈 의미를 가지면서도 새로운 세상에 대한 경건함을 갖게 하는 것으로서 죽은 사람에게 최고의 예복으로 성장을 시키고 대접을 하였으며 이러한 예는 우리 민족의 생활양식의 일부로서 전승되어왔고 민족의 문화라 할 수 있다.

　수의란 이렇게 죽은 사람에게 입히는 예복이라 할 수 있다.

　우리의 조상들은 살아생전 최고의 예를 갖춘 의복을 죽은 사람에게 입혔었다. 살아생전 최고의 날인 결혼의례복이나 남자의 경우 관복(冠服)이 죽은 사람의 예복으로 즉 수의로도 이용되었다. 죽었을 때 생전의 예복이 있는 경우는 입던 의복을 그대로 입히기도 하였으나 없을 경우나 새로운 의복을 입히고자 할 때는 새로 만들었다고 할 수 있다.

사람이 죽은 후 새로 의복을 만들 때는 형편이나 관습에 따라 명주, 면, 삼베 등 옷감의 재질을 달리 하기도 하였으며, 입히기 편리하도록 속옷과 겉옷을 붙여서 만들기도 하였다. 죽은 사람이 입는 옷으로서 특별한 재질과 형태가 있는 것이 아니고 산 사람이 입는 옷의 재질과 형태로 똑같이 만들어 죽은 사람에게 입히는 것이다.

단지 새로 제작 할 경우 죽음이라는 특별한 상황을 감안하여 내세영생과 영혼불멸, 인간의 근원회귀, 죽음에 대한 신성시의 의미나 상징이 내포되기도 하고, 세탁의 필요성이나 의복으로서 일상의 내구성을 요하지 않으며, 신체의 일부를 감쌀 수 있는 품목이 추가되기도 하는 등의 수의로서의 특징이 나타나기도 하였다.

수의란 죽은 사람에게 입히는 옷으로서 생전의 예복을 입히기도 하고, 새로 지어서 입히기도 한다.

이런 관점에서 본다면 요사이의 수의를 조명해 볼 때 수의는 생전의 예복이기도 했기 때문에 생전의 예복으로서 요즈음의 한복이 될 수 있으며, 또한 양복이나 개량 한복 등 예복으로서 입을 수 있는 모든 옷들도 입히기 편리하도록 크기가 좀 넉넉하고, 매장이나 화장 시 공해를 유발시키지 않는 천연섬유로 만들어진 옷일 경우 수의로서 가능하다고 할 수 있다.

2. 수의의 풍속

수의는 옛날부터 내려오는 습속으로 부모의 환갑 무렵 형편에 따라 새로 짓기도 하고, 지방에 따라서는 결혼할 때 마련해간 베도포를 제사 때 착용하다가 수의로 사용하기도 하고, 결혼 때 착용했던 예복을 수의로 사용하기도 하였다.

수의는 생전에 자손이 미리 준비해 두면 부모가 장수한다는 말이 전해져 오기도 하나 이는 자손이 미리 준비해 두면 효성이 지극한 것으로 여기게 되고, 수의 소장자에게도 죽음이 꺼려지는 무서운 것이 아닌 이승과 이어지는 세계인 새로운 생의 시작으로서 죽음에 대한 긍정적 준비로 심리적 안정감을 주기 때문이 아닌가 생각된다.

수의 준비는 옛날에는 친족들이 날을 받아 집안에서 모여서 짓기도 하였고, 회갑이 지난 후 길한 날을 받아 짓기도 하였으며, 윤달이나 윤년에 많이 하였다.

윤달은 공달로서 신명의 감시 밖이기 때문에 온갖 것을 해도 탈이 없다고 여겨 집수리나, 묘지 관련의 일 등 평소에 꺼리던 일들을 많이 하였으며, 이 때 수의를 준비하면 탈이 없고 무병장수한다하여 죽음의 준비과정에서 믿음과 안정을 주기 때문에 비교적 잘 지켜져 오고 있는 풍속 중 하나라 할 수 있다. 지금까지도 윤년이나 윤달이면 판매점의 상술과 맞물려 수의 열풍이 일고 있는 것도 이런 풍속 때문이라 할 수 있다.

요사이는 한가할 때 본인이나 자손이 직접 만들거나 준비해 두어도 무방하다고 할 수 있다.

수의에 관한 금기를 살펴보면 수의를 만들 때 바느질하는 실은 잇거나 되돌아 뜨거나 뒷 매듭을 짓지 않는다고 하는데 이는 저승가는 길을 방해하는 것으로 해석하여 쉽게 저승으로 가게 하여 내세에서의 새로운 삶을 기원하는 것으로 볼 수 있다. 같은 맥락에서 저승길을 잘 헤쳐 나갈 수 있도록 악수나 습신, 버선은 겹으로 만들며, 버선의 안감을 미끄럽지 않은 감을 사용하는 것도 미끄러지거나 벗겨져 오가는 길에 방해되지 않도록 한다는 의미를 내포한다고 볼 수 있다.

한번만 입기 때문에 새로 지을 경우 동정을 달지 않기도 하며, 수의 만들 때 남은 자투리 감을 버리거나 함부로 태워버리지 않고 수의 베개 속에 넣고, 실을 이로 끊지 않고, 바느질 도구조차도 빌리지 않는 등 경건한 마음으로 정성을 들여서 만들어야 함을 금기를 통해서도 알 수 있다.

3. 수의의 재질 및 색채

조선시대 예서의 수의에서는 백초(白綃), 백라(白羅), 면포(綿布) 등 여러 재질이 나타나고 있어 당시의 삼베, 모시, 무명, 명주, 견, 공단, 은조사, 생고사, 면, 마포 등 생시 옷감의 재질이 계급과 경제 사정에 따라 그대로 사용되었다고 할 수 있다.

현대 수의에서는 항 바이오 성분 등이 밝혀져 땅속에서 좋은 섬유로 인식되어 대부분을 차지하고 있는 삼베 재질에 비하여, 모시로 하면 자손이 흰머리가 많이 생긴다든지, 명주는 잘 썩지 않고 뼈에 감긴다고 하여 수의로 많이 사용하지 않는 것과 달리 옛날에는 모시와 명주와 같은 비단 종류의 수의가 많이 사용되었다고 할 수 있다.

색채도 요사이 수의는 옷감 그대로의 색상이 주를 이루는 것과는 달리 옛날의 수의는 흑단령, 홍단령, 청라, 훈증, 홍저사, 백라, 조라 등 검정, 흰색, 빨간색, 파란색, 분홍색, 옷감 그대로의 소색 등 일상의 옷과 마찬가지로 다양하게 사용되었다고 할 수 있다. 같은 맥락에서 요사이의 수의를 살펴볼 때 공해나 환경차원에서 합성섬유가 아닌 면, 견, 마 등 천연섬유의 재질이라면 본인이 선호하는 재질로 원하는 아름다운 색상으로 수의를 만들 수 있다고 하겠다.

4. 수의의 품목

옛날에는 평시의 예복을 수의로 사용했기 때문에 당시의 예복이나 관복이 수의의 품목으로 나타나고 있다. 예서에서는 왕의 경우 곤룡포 등 왕의 의상이 나타나고, 사서인의 경우 단령, 답호, 첩리, 심의, 도포, 중치막, 한삼, 포, 단고, 늑백, 복건, 망건, 충이, 명목, 과두, 악수, 말, 리 등 기타 포나 산의까지 당시 모든 의상들이 수의의 품목으로 나타나고 있다.

현대에는 도포, 두루마기, 저고리, 속저고리나 적삼, 바지와 속바지, 버선, 신, 악수, 복건, 명목 등 품목에서 많이 간소화되어 중복되어 나타나고 있지는 않지만 기본적인 한복의 품목을 유지 한다고 할 수 있다.

그러나 현대 생활의 특성 상 전통적인 수의의 품목에서 볼 수 없었던 턱받침이나 눈과 얼굴을 가리던 명목이 변형된 머리싸개, 대렴이나 소렴시의 금이 변형된 염포 같은 품목이 새로 생기기도 하였고, 배를 싸는 과두같은 품목은 없어지기도 하였으며, 악수와 같이 형태가 변화된 것들도 나타나고 있다.

현행 수의를 품목별로 분류해 보면 먼저 겉옷으로 도포나 두루마기, 상의(上衣)로 저고리와 속저고리나 적삼, 하의(下衣)로 바지와 속바지, 두의(頭衣)로 복건과 명목 혹은 턱받침, 수의(手衣: 손싸게)로 악수, 족의(足衣)로 버선과 습신, 대(帶)로 도포띠나 대님 혹은 행전, 기타 부속물로 지금은 잘 사용하지 않지만 대렴금이나 소렴금, 천금, 지요 베개, 오낭, 염포 등을 들 수 있다.

현행 수의 품목

	겉옷	상의	하의	두의	대	수의	족의	부속물
남자	도포나 두루마기	저고리 속저고리나 적삼	바지 속바지	복건 명목	도포띠 허리띠 대님	악수 오낭	버선 습신 행전	천금 지요 베개 염포나 금
여자	원삼		치마 속치마 속바지	여모 명목	원삼띠		버선 습신	

5. 수의 제작에 필요한 물품

1) 본뜨기 도구

종이, 자, 연필, 지우개

본을 뜨기 위해서는 종이와 자, 연필, 지우개 등이 필요하다.

자는 직각선을 그리기 위한 직각자와 곡선을 그리기 위한 곡자, 30-50cm의 작은 자와 1m 이상의 큰 자, 필요에 따라 간편한 줄자, 눈금이 표시된 방안자 등이 필요하다.

연필은 HB를 사용하지만 너무 연한 것보다 약간 진한 것이 큰 실측치를 본뜨기에는 유리하다고 할 수 있다.

2) 마름질 도구

가위, 시침핀, 쵸오크, 문진

마름질이란 옷감을 자르는 것으로 이때 필요한 물품은 옷감을 자르기 위한 가위와 옷감 위에 종이 본을 고정시키기 위한 시침핀이라고도 하는 징검핀, 옷감에 선을 표시하기 위한 쵸오크, 혹은 옷감에 따라 점선기라고도 하는 루우렛이나 뼈인두가 필요하기도 하고, 옷감이 움직이지 않도록 눌러두기 위한 문진, 옷감의 모양이나 올을 바로 잡기 위한 다리미와 분무기, 덧헝겊 등의 마무리 할 때나 바느질 때도 필요한 다림질 물품도 함께 준비하는 것이 좋다.

3) 바느질 도구

손바느질할 경우는 바늘, 골무, 손가위, 송곳, 실, 뜯는 칼 등이 필요하며, 재봉틀을 사용할 경우 재봉바늘과 실만 달리 사용한다.

바늘의 굵기는 번호로 나타내며, 손바늘은 호수가 많아질수록 가늘고 재봉기 바늘은 호수가 많아질수록 굵다. 손바늘은 두꺼운 옷감의 경우 1-5번 바늘, 중간 두께는 6-8번 바늘, 얇은 옷감은 9번이상의 바늘을 사용한다. 재봉틀 바늘의 경우는 면이나 마직물일 때 얇은 감은 9-11번 바늘을 사용하며 이 때 바늘땀 수는 1cm에 6-7개 정도이고, 두꺼운 감은 11-14번 바늘로 바늘 땀 수는 5-6개 정도이다. 견직물은 조금 얇고 모직물은 조금 두껍기 때문에 조금씩 가감해서 사용한다.

실은 면사는 번수를 사용하고 번수가 많아질수록 가늘며 견사는 데니어를 사용하며 데니어는 숫자가 많아질수록 굵다. 면이나 마직물일 경우는 얇은 감은 60-80번 정도의 면사, 두꺼울 경우는 40번 정도의 면사를 사용하고 견직물이나 모직물의 경우 견사를 사용하며 보통 견21D 실을 사용한다.

올이 굵은 삼베 수의를 만들 경우 40-60번 면사에 11번 재봉틀 바늘, 명주로 수의를 만들 경우 실은 견21D에 9번 정도 바늘을 사용하는 것이 적당하다고 할 수 있다.

4) 옷감

수의를 만들려면 천연섬유의 옷감이라면 어느 것이라도 무방하므로 본인의 선호정도에 따라 선택하는 것이 바람직하다.

수의의 품목에 따라 옷감의 필요량이 달라지지만 33-35cm 폭의 옷감으로 도포와 두루마기를 다 만들고 대렴금의 형태가 아닌 염포의 형태로 만들 경우 6필 240자(140-150마 정도) 필요하게 된다. 포의 형태나 품목에 따라 200마 가까이 소요되기도 하며 110-120cm 폭의 옷감일 경우 30-35마 정도 필요하게 된다.

겉옷을 도포나 두루마기 중 하나만 만들 경우 그 만큼 줄어들고, 수의 뿐 아니라 탈관 시의 매포까지 준비할 경우 한 필정도 더 많이 필요하게 된다.

Ⅱ. 수의 만들기

 **1장 남자 수의 만들기**

　현재 착용되고 있는 남자 한복의 겉옷으로는 도포나 두루마기가 있다. 이중 특별한 경우를 제외하고는 주로 두루마기를 이용하고 있기 때문에 수의의 겉옷으로도 두루마기가 될 수 있고, 특별히 예를 갖춘다는 의미에서 도포를 이용할 수도 있다. 현재 시중에서 판매되고 있는 수의를 살펴보면 도포와 두루마기가 같이 수의 품목에 포함되어 있다. 이는 외투를 두 벌 입는 셈이라 할 수 있기 때문에 도포나 두루마기 중 한 벌 만 장만하는 것이 바람직하다.

　그리고 일부 개인적으로 제작하여 판매하는 소수를 제외하고는 시중에서 남자 수의 겉옷으로 제작되어 판매되고 있는 대부분의 남자 수의 도포는 실제 도포의 형태가 아니고 여자 수의 겉옷으로 착용되고 있는 원삼의 형태를 띠고 있다. 이는 대단히 잘못된 것으로 남자가 여자 원삼을 입는 것으로 볼 수 있다. 남자 수의 겉옷은 여자 원삼이 아닌 도포나 두루마기를 착용해야한다.

　본서에서는 원삼의 형태가 아닌 도포와 두루마기를 함께 제작하고자 하기 때문에 이 두 벌의 겉옷을 다 착용시키는 것이 아니고 두 벌 중 본인이 선택하여 한 벌만 착용시키는 것이 바람직하다는 것을 밝혀 두고자 한다. 수의를 만들 때는 실제 실측을 하여 본을 뜨기도 하지만 일반적인 치수를 기본으로 하여 크고 넉넉하게 만들기 때문에 키 150-180cm 정도의 보통 사람들에게 문제가 없지만 그 이상일 경우는 사이즈를 조절하여 제작하여야 한다.

　그리고 정형화된 수의의 구성법이 있는 것은 아니기 때문에 평상시 입는 한복에 착의의 편의를 위해 크게 만든다고 할 수 있다. 저고리 길은 3촌쯤 길게, 품과 진동은 2-3촌쯤 넓게, 화장은 10cm정도 길게, 고대도 5cm정도 넓게 하고, 바지는 허리와 길이도 20cm성도 넓고 길게 하고 바지통도 10cm정도 넓게 하는 것이 좋다고 하지만 평상시 사이즈보다 보통 5-30cm 가량 크게 만들면 되기 때문에 치수 1-2cm에 크게 신경쓰지 않고 넉넉하게 만드는 것이 좋다.

　본서에서는 현재 시중에서 유통되고 있는 수의를 실측한 것을 기준으로 하여 치수를 제시하였으며, 제작 방법도 실제 입는 한복의 제작이 아니고 수의로서 제작이 되기 때문에 수의 제작시의 특징을 살려 뒤로 되돌아 박지 않으며, 동정을 달지 않고, 허리나 깃을 붙여 제작하기도 하여, 제작의 편의상 전통적인 한복의 바느질법을 다소 벗어날 수 있음을 밝혀둔다.

1. 도포

조선시대 남자들의 통상 겉옷으로 착용되었으며 현재까지도 예복이나 제례복, 의례용으로 착용되고 있는 도포는 형태가 두루마기와 비슷하나 소매통이 넓고 등솔기가 허리 밑으로 트여 있으며, 뒷길에 등솔기의 트임이 가려지는 전삼이 있는 것이 특징이다.

(1) 본뜨기

수의 도포와 두루마기의 치수는 함께 이용할 수 있도록 참고치수를 제시하였으며 개인에 따라 각 부위의 치수를 가감하여 본을 뜨고 만든다.

수의 도포와 두루마기의 참고치수(cm)

명칭 \ 구분		도포			두루마기
		대	중	소	
길 이		150	140	130	130
가슴둘레		125	120	115	115
화 장		99	97	95	92
고 대		23	22	21	21
진 동		37	36	35	33
부 리		26	25	24	25
섶	겉섶나비	9-16	9-16	9-16	9-16
	안섶나비	7-10	6-10	5-10	4-8
깃	나비	8	7.5	7	7
	안깃길이	47	46	45	43
	겉깃길이	33	32	31	33
무		0.5-12	0.5-12	0.5-12	12
소매나비		50-53			33
고름나비		8-10			4-5
고름길이		55-65			60-65
선나비		7			
띠길이		280-300			

도포 본뜨기

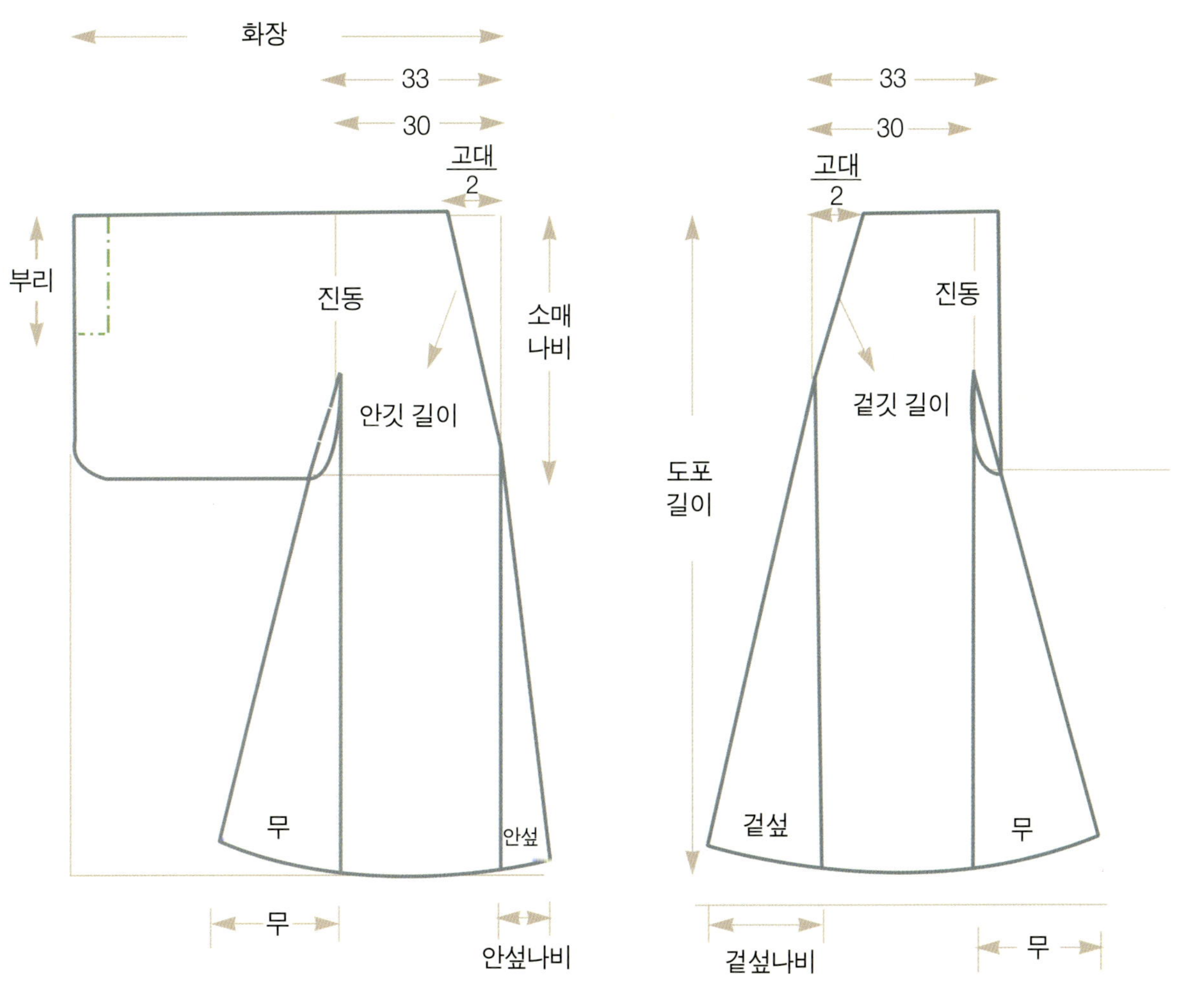

화장
33
30
고대
2
부리
진동
소매
나비
안깃 길이
무
안섶
무
안섶나비
33
30
고대
2
진동
겉깃 길이
도포
길이
겉섶
무
겉섶나비
무

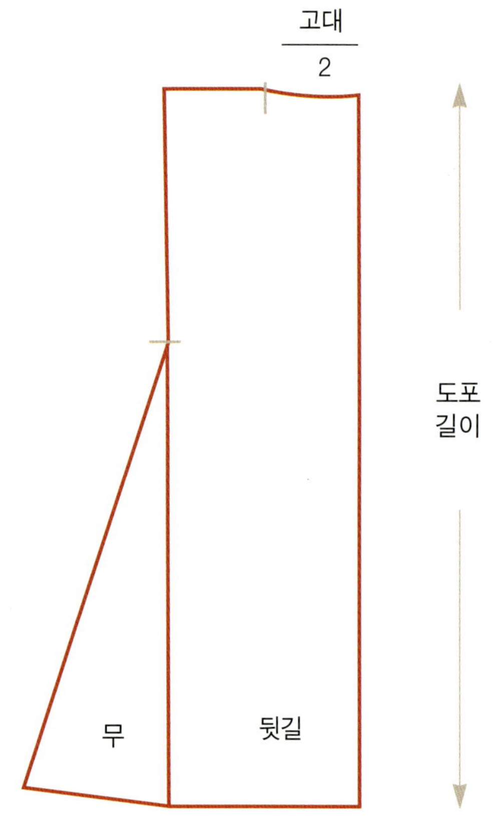

고대
2
도포
길이
무
뒷길

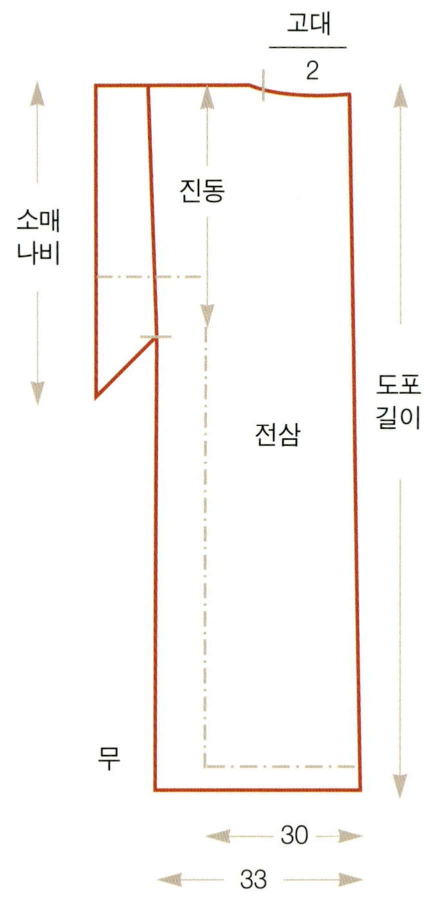

고대
2
소매
나비
진동
전삼
도포
길이
무
30
33

(2) 옷감 필요량

옷감의 폭에 따라 다르며 계산법은 다음과 같다.

수의 도포의 옷감 계산법과 필요량

옷감의 폭(cm)	옷감 계산법	필요량(cm)
33-35	길이×6+소매나비×8+무길이×4 +섶길이×2+고름길이×2+시접분	1900-2000 (20마-22마)
110-120	길이×3+소매나비×2+무길이+시접분	650-700 (7.5-8마)

(3) 마름질

  수의는 대체로 좁은 폭의 옷감으로 제작하는 경우가 많기 때문에 폭이 좁아 소매길이가 나오지 않으므로 소매길이를 이어야 하고, 앞길과 뒷길의 솔기를 없이 연결해서 배치하여 마름질하면 바느질하기에도 좋다. 전삼이 있어 뒷길을 두 장 마름질한다.

수의 도포 마름질하기

앞길 + 뒷길		앞길 + 뒷길	
전삼	전삼	무 무	무 무
소매나비×2	소매나비×2	소매나비×2	소매나비×2
띠			
고름길이	고름길이	섶길이	깃길이

(4) 바느질

1. 뒷등판 고대부터 박기 시작한다

2. 박은 겉면(시접은 입어서 오른쪽)

3. 밑부분 트기

4. 밑부분 터진 겉면

1. 마름질한 무

2. 뒷길 왼쪽 무 연결하기
(어슨 올을 길에 붙임)

3. 뒷길 오른쪽 무 연결하기

4. 앞길 왼쪽 무 연결하기

5. 앞뒷길에 연결한 무 모습

6. 앞뒷길에 무를 붙인 겉면

1. 안섶은 앞길 끝에 자리한다

2. 안섶 박기(시접은 길쪽)

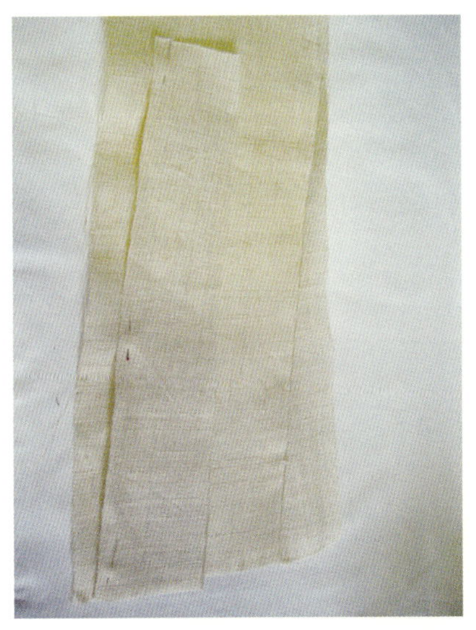

3. 겉섶은 2~3cm 길 쪽으로 들여서
   자리한다(시접은 겉섶 쪽)

4. 안섶과 겉섶의 위치

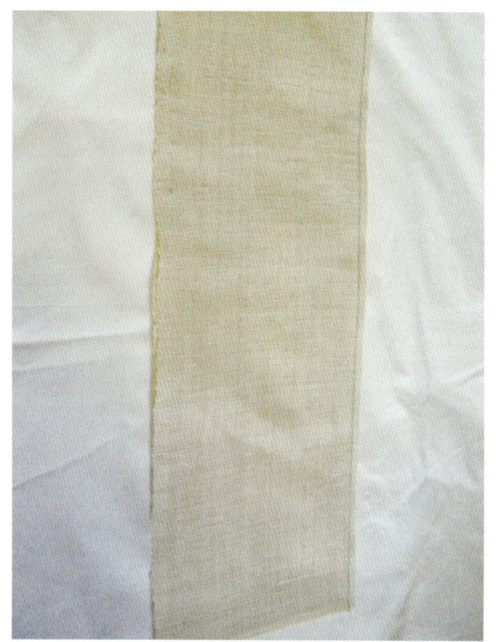

1. 가운데 등솔 연결하기

2. 진동부터 3면에 선단 붙이기

3. 모서리 접기(안쪽)

4. 선단 모서리 겉면 시침

5. 선단 박기

6.어깨에 전삼 붙이기(어깨와 진동)

7. 전삼을 붙인 모습

1. 진동 길이까지 소매를 박는다(시접은 가름솔)

2. 양쪽 소매를 붙인 모습

3. 소매 끝단을 박는다

1. 앞뒤 겹쳐서 부리부터 박는다

2. 진동선까지 박음질 한다

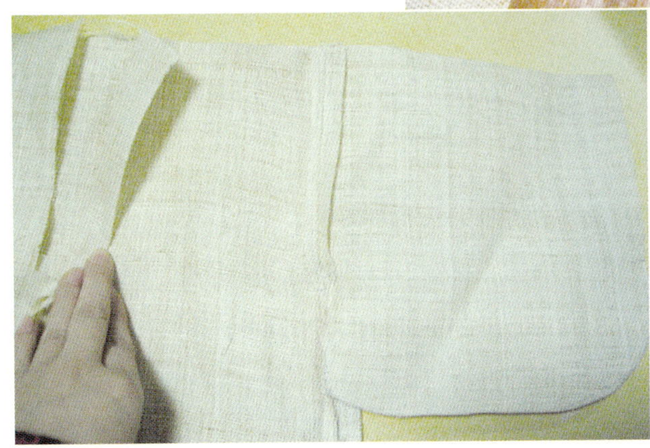

3. 부리부터 진동까지 박은 모습

1. 배래와 닿은 진동부터 박기 시작

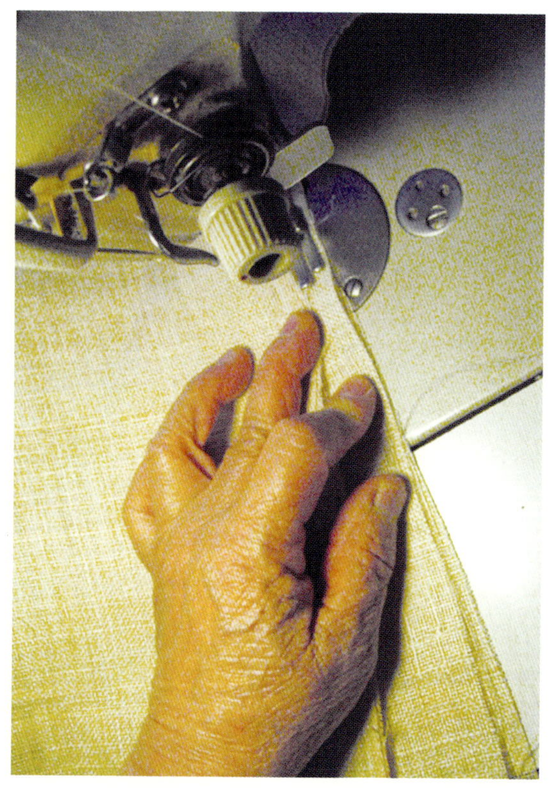

2. 무 양옆을 붙인다(시접은 가름솔)

3. 옆선을 박은 앞 모습

4. 옆선을 박은 뒷 모습

1. 선단 모습

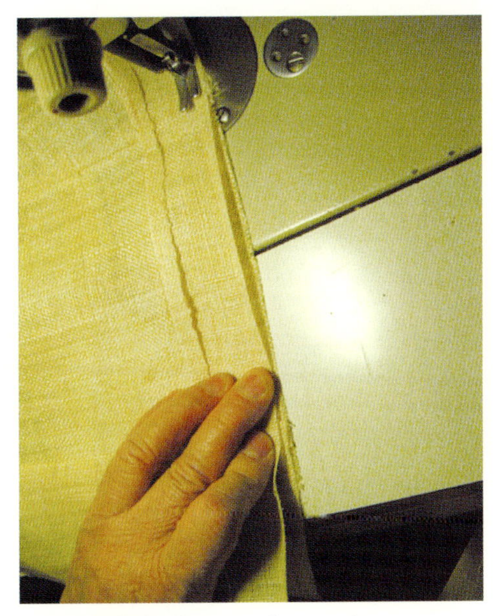

2. 섶에 선단을 붙이는 모습

3. 앞 길 도련에 선단을 붙이는 모습

4. 뒷길 트임까지 선단을 붙이는 모습

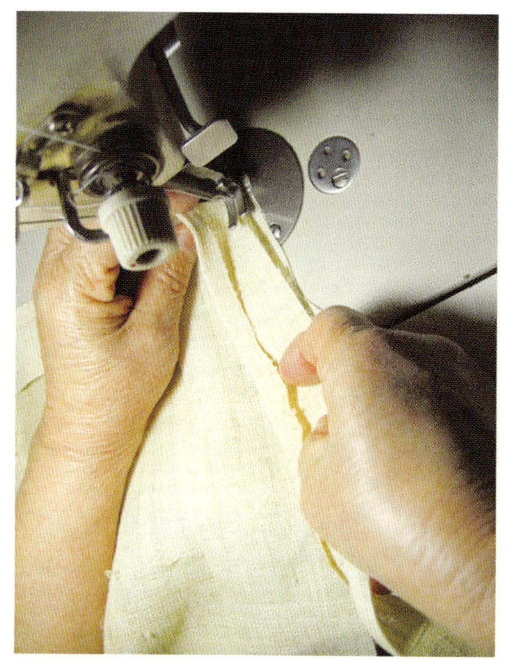

5. 안섶 선단하기

6. 겉섶 선단하기

7. 뒷도련 선단하기

1. 끝깃

2. 안깃

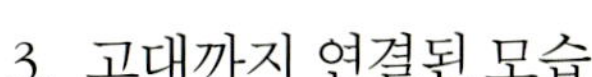

3. 고대까지 연결된 모습

4. 겉깃 겉 박기

5. 고대 겉 박기

6. 안깃 겉 박기

7. 겉깃 안 박기

8. 고대 안 박기

9. 안깃 안 박기

1. 짧은 고름 달기(안깃 쪽)

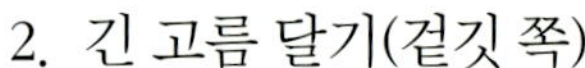

2. 긴 고름 달기(겉깃 쪽)

3. 완성된 수의 도포

2. 두루마기

두루마기는 조선시대 말부터 도포대신 겉옷으로 착용되어오고 있으며 현재까지도 외출 시에는 반드시 입어야 하며 실내에서도 예를 갖출 때는 입기도 한다. 그렇기 때문에 수의에서도 도포대신 두루마기를 입을 수 있다.

(1) 본뜨기

두루마기 본뜨기에 필요한 치수는 도포와 함께 제시한 것을 참고로 한다.

두루마기 본뜨기

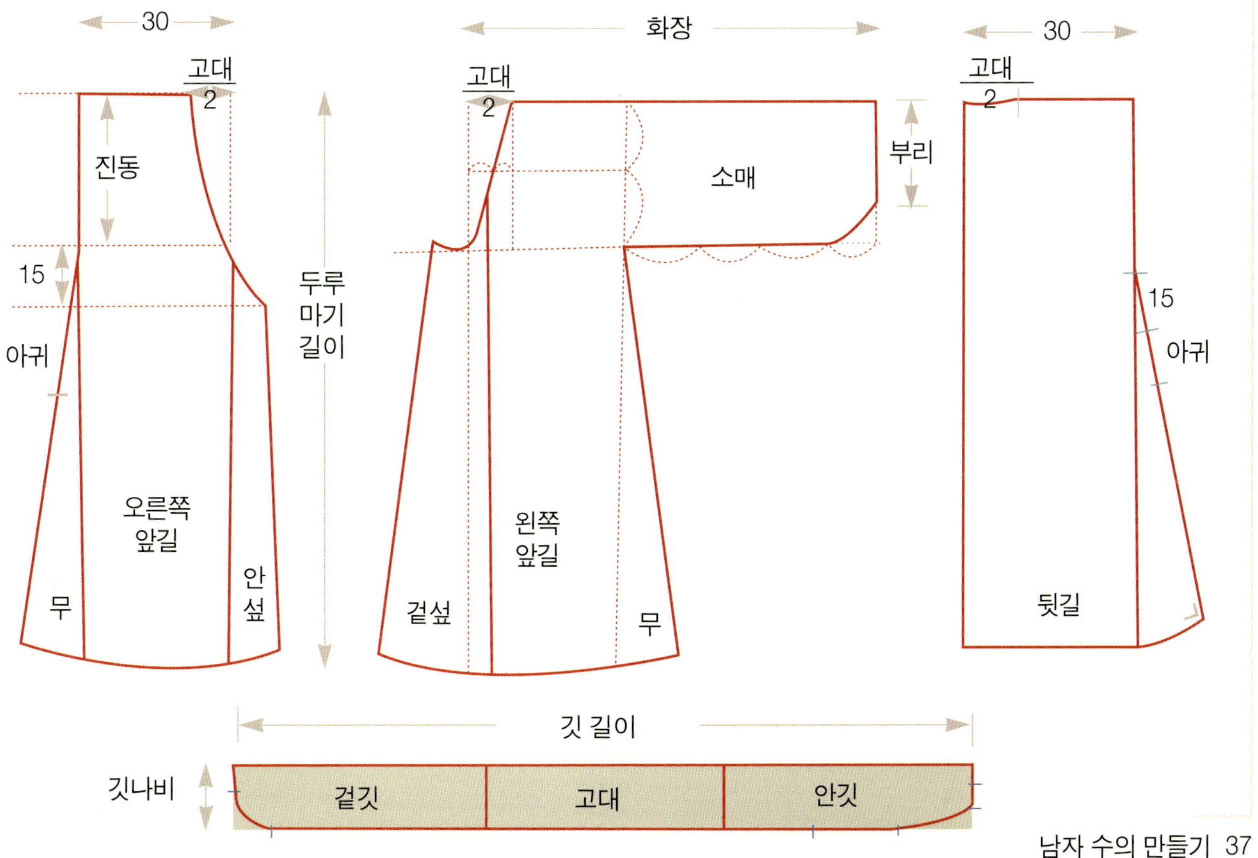

(2) 옷감 필요량

두루마기를 겹으로 할 때는 약 2배 가량의 옷감이 더 필요하지만 수의는 주로 홑겹으로 제작한다.

수의 두루마기의 옷감 계산법과 필요량

옷감의 폭(cm)	옷감 계산법	필요량(cm)
33-35	길이×4+소매나비×8+무길이×2+섶길이 + 시접분	1200-1300 (14마-15마)
110-120	길이×2+무길이+시접분	400-500 (4.5-5마)

(3) 마름질

수의 두루마기 마름질은 다음과 같다.

수의 두루마기 마름질

앞길+뒷길		앞길+뒷길	
소매나비×2	소매나비×2	소매나비×2	소매나비×2
무	무		섶
긴고름	짧은 고름		깃

(4) 바느질

1. 앞길과 뒷길을 연결하여 마름질한 모습

2. 소매, 무, 깃, 섶을 마름질한 모습

1. 고대부터 도련까지 뒷길 등판부분을 연결한다

2. 등판을 붙여서 펼친 모습(시접은 가름솔)

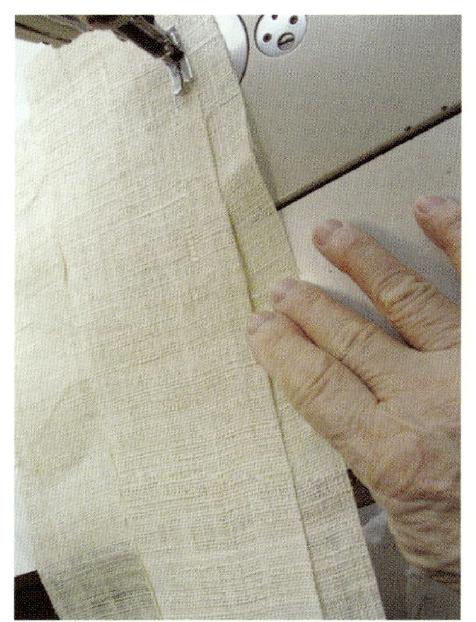

1. 겉섶과 길을 연결한다

2. 겉섶을 붙인 모습(시접은 섶쪽)

3. 안섶 어슨올과 길을 연결한다

4. 안섶을 붙인 모습(시접은 길쪽)

5. 겉섶과 안섶 모두 붙인 모습

6. 섶을 붙인 겉모습

7. 등판과 섶을 단 모습

1. 무박기

2. 무를 연결한 모습

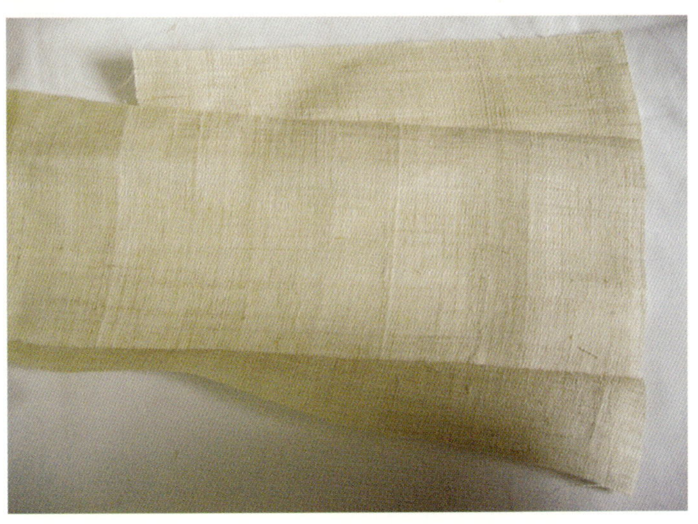

3. 안섶과 무가 연결된 모습

4. 앞길에 연결된 섶과 무

5. 앞길과 연결된 무와 섶의 겉면

6. 뒷길과 연결된 무

7. 뒷길과 연결된 무의 겉면

1. 소매 끝단 박기

2. 진동선까지 소매 연결하기

3. 양쪽 소매 연결하기

4. 소매를 진동에 연결한 겉면

1. 진동시접을 가른다

2. 어깨선에서 진동선까지
   꺾어 반으로 접는다

3. 겉면끼리 맞닿도록 하여 시접이
   앞쪽으로 오도록 한다

4. 부리부터 박기 시작한다

5. 소매 배래를 박는다

6. 진동선까지 소매 배래를 박는다

1. 소매와 연결된 진동선부터
   박기 시작한다

2. 왼쪽 옆선을 박는다

3. 왼쪽 옆선을 도련까지 박은 모습

4. 소매 배래와 연결된 진동부터 옆선을 박기
   시작한다

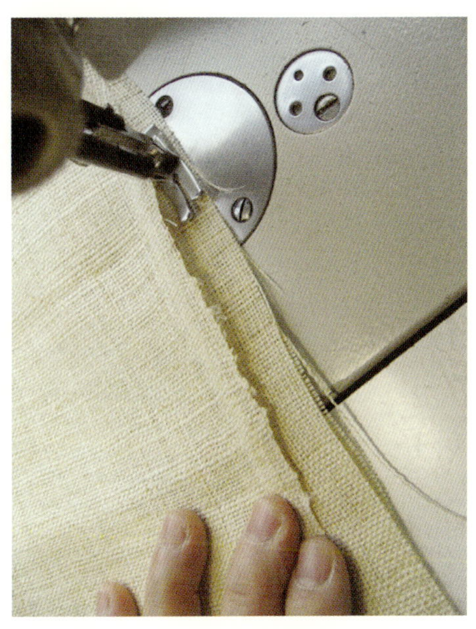

5. 양쪽 무 옆선을 박는다

6. 도련선까지 옆선을 박는다

7. 배래와 옆선을 박은 겉모습

1. 겉섶 단 박기

2. 안섶 단 박기

3. 앞뒷길 도련 단 박기

1. 겉깃 겉 박기

3. 안깃 겉 박기

2. 고대 겉 박기

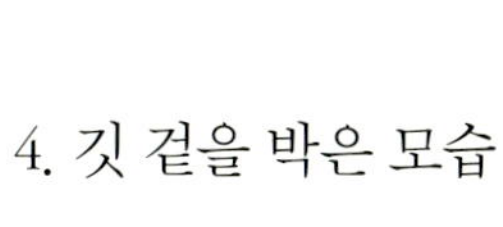

4. 깃 겉을 박은 모습

5. 깃 안을 박기 위해 꺾어 놓은 모습

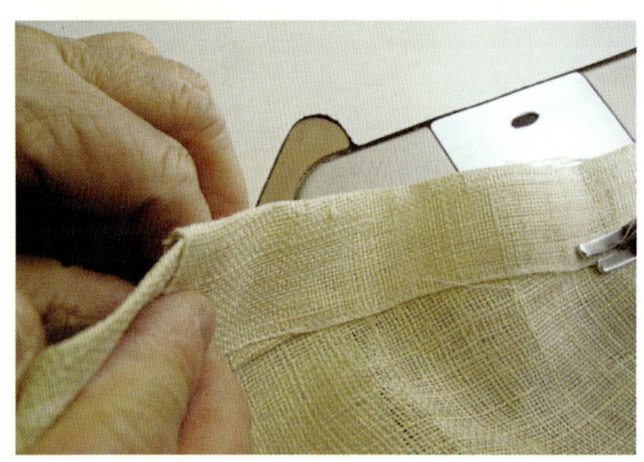

6. 겉깃 안을 박은 모습

7. 고대 안을 박는 모습

8. 안깃 안을 박는 모습

1. 겉깃 끝부분에 긴 고름 달기

2. 오른쪽 길에 겉깃과 닿는 부분에
짧은 고름 달기

3. 완성된 수의 두루마기

3. 저고리와 속저고리

　남자 저고리는 도련이나 배래의 곡선이 여자 저고리보다 직선적이며, 깃이나 섶이 넓지만 수의는 고대, 진동, 부리, 품 등을 넉넉하게 하는 것이 좋다.
　수의 저고리와 적삼 형태의 속저고리는 착의의 편의를 위해 저고리 깃에 같이 붙여 만들고 있다.

(1) 본뜨기

　본뜨기에 필요한 참고치수는 도포 및 두루마기 참고치수(p.18)를 기준으로 하여 전반적으로 2-5cm 정도 적게 하고 단지 저고리 길이만 55-60cm 정도로 하면 된다. 실측치를 기준으로 제시하면 다음과 같다.

수의 저고리 참고치수

구분 \ 명칭	길이	진동	부리	화장	고대	깃				섶			
						길이	겉깃	안깃	나비	겉섶 위	겉섶 아래	안섶 위	안섶 아래
저고리	60	35	25	83	22	90	30	38	7	10	14	5	7
속저고리	55	34	25	60	22								

저고리 본뜨기

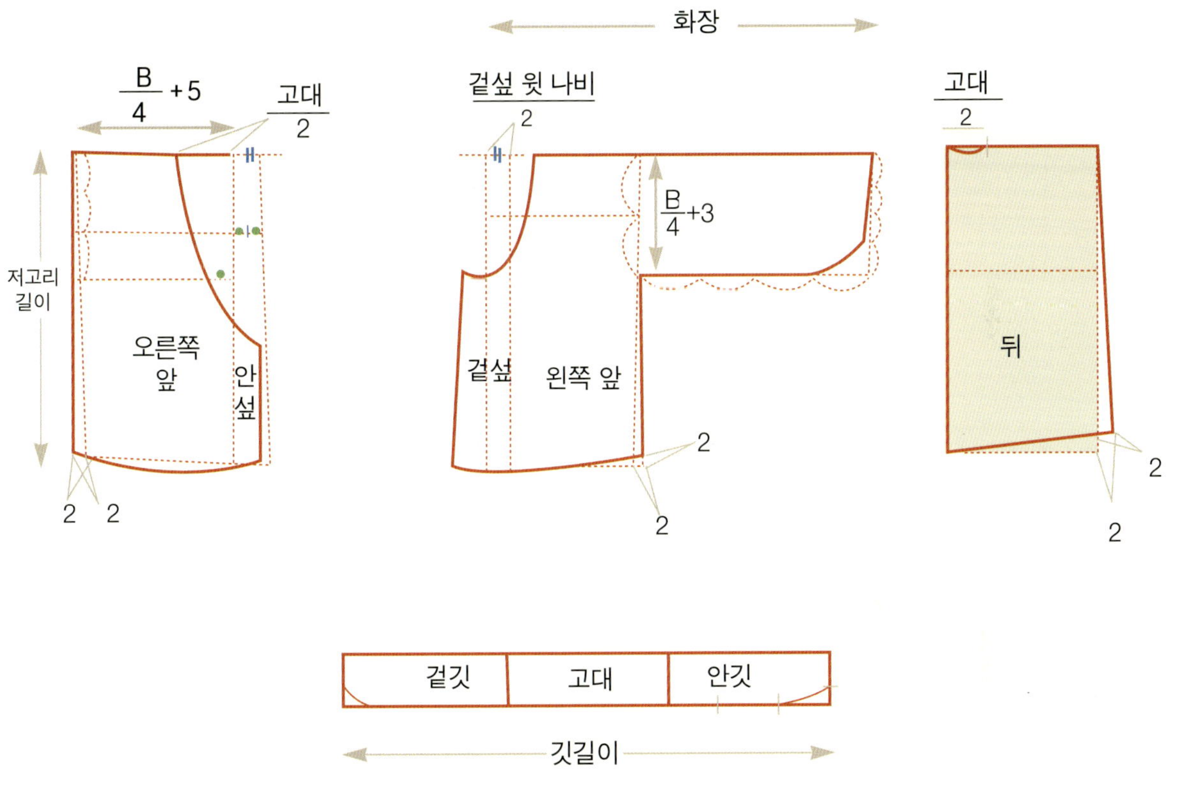

B/4 +5
고대/2
저고리 길이
오른쪽 앞
안섶
2 2
화장
겉섶 윗 나비
2
B/4 +3
겉섶
왼쪽 앞
2
고대/2
뒤
2
겉깃
고대
안깃
깃길이

속저고리 본뜨기

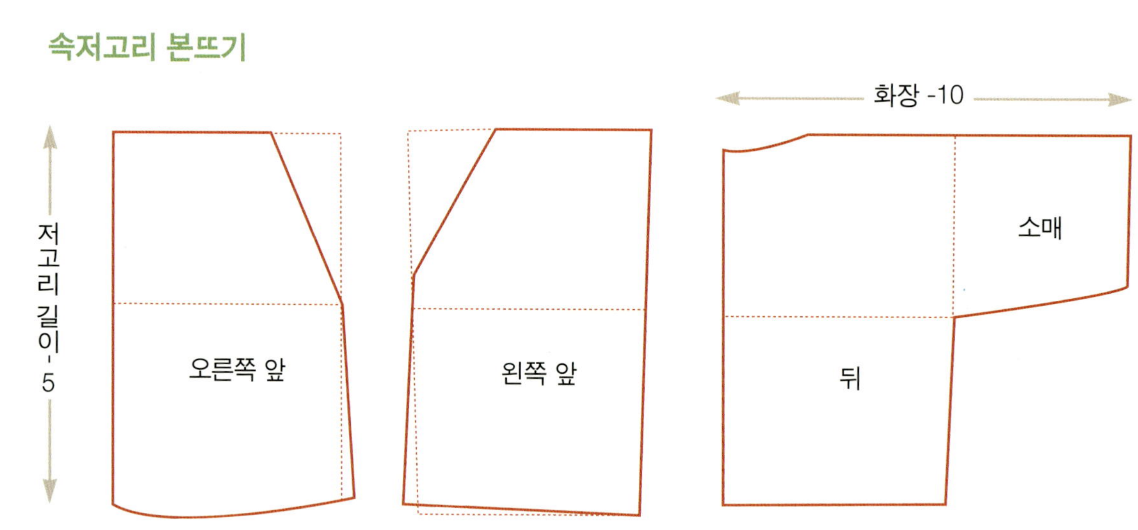

(2) 옷감 필요량

수의 저고리의 옷감 계산법과 필요량

옷감의 폭(cm)	옷감 계산법	필요량(cm)
33-35	길이×8+소매나비×8+ 깃길이+고름길이 +시접분+속저고리분	1000-1200 (11마-13마)
110-120	길이×2+소매나비×2+시접분	190-200 (2-2.5마)

(3) 마름질

　편의상 겉감을 기준으로 마름질한 것이다. 겹으로 마를 시에는 고름을 제외하고 똑같이 한 번 더 마른다. 속저고리는 홑겹으로 길이와 소매, 품 등을 약간 작게 하고, 깃을 없게 하기 때문에 옷 감이 많이 적게 든다.

수의 저고리 마름질

앞길+뒷길			앞길+뒷길	
소매나비×4	소매나비×4		깃길이	고름길이
			안섶	겉섶

속저고리분

(4) 바느질

1. 마름질된 모습

2. 뒷길을 고대부터
   도련까지 박는다

3. 등판이 붙은 모습
   (입어서 오른쪽으로 솔기를 꺾음)

4. 앞길 뒷길이 연결된 모습

1. 안섶 박기(시접은 길쪽)

2. 겉섶 박기(시접은 섶쪽)

3. 겉섶과 안섶의 위치

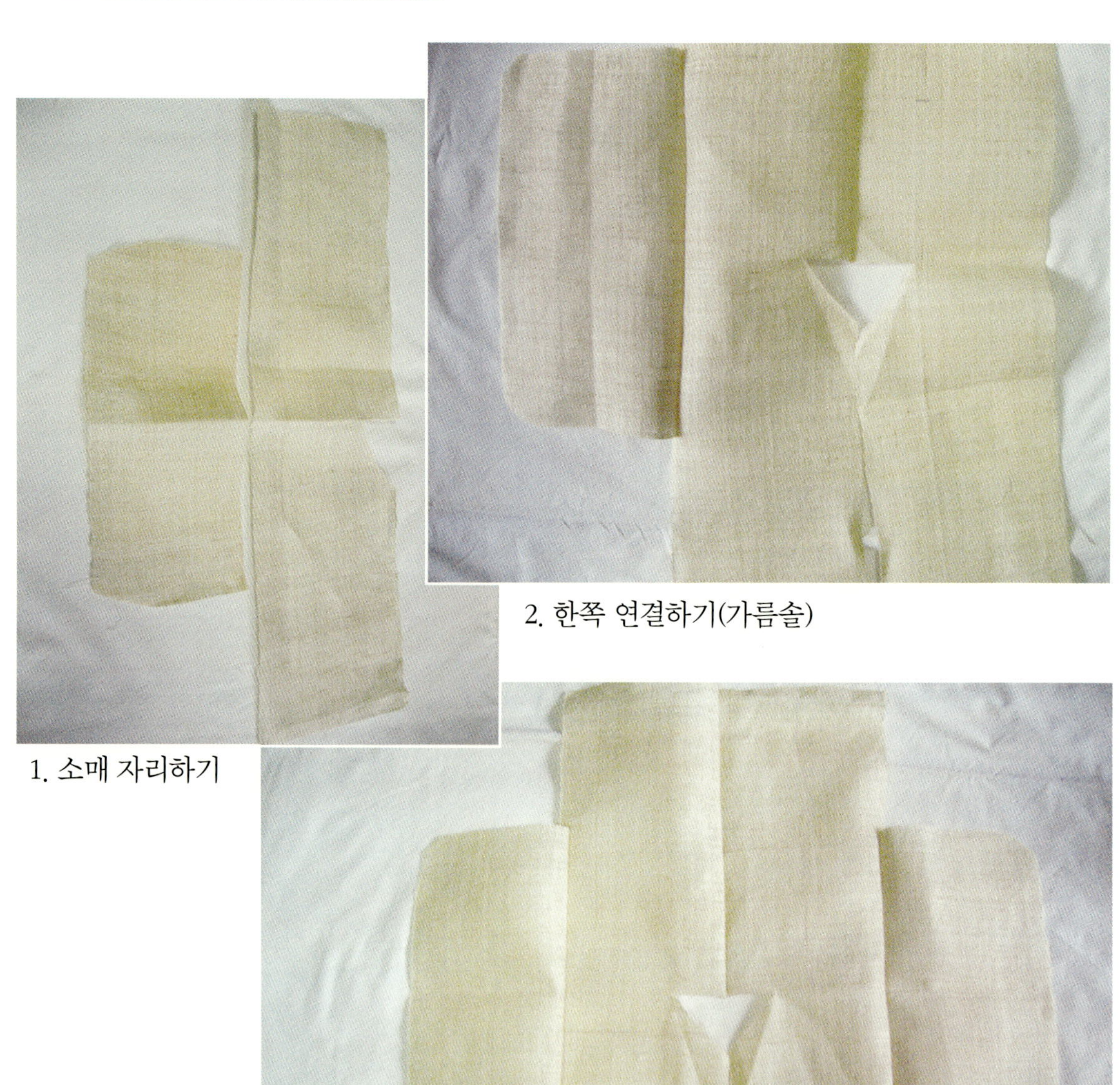

1. 소매 자리하기

2. 한쪽 연결하기(가름솔)

3. 양쪽 연결한 모습

1. 섶과 소매가 달린 겉감 모양과
   똑같이 안감을 만든 다음
   안감과 겉감을 겹쳐서 도련을
   앞판과 뒷판 다 박는다

2. 부리와 도련을 박은 후
   반으로 접는다

3. 반으로 접은 모습 배래와
   옆선은 4겹으로 트여 있다

1. 부리에서 진동까지 소매배래를
   박는다 (시접은 겉감쪽으로
   입어서 뒷쪽으로 가도록 꺾음)

2. 옆선을 진동부터 박는다

3. 배래와 옆선을 박은 모습의 진동연결부분

4. 배래와 옆선을
박은 모습

5. 뒤집은 모습

1. 등판을 연결한다

2. 소매 끝단을 박는다

3. 소매를 연결한다

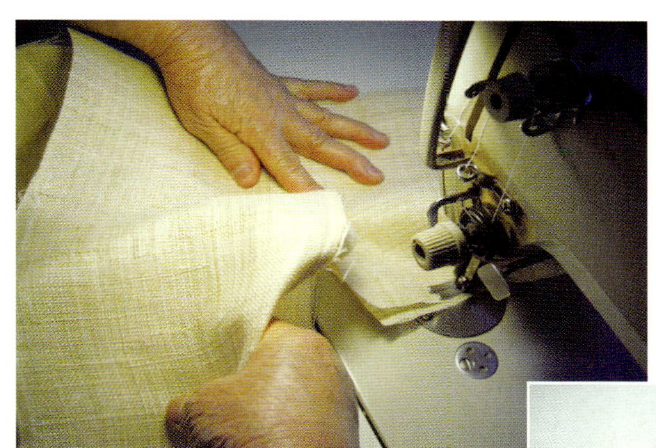

4. 배래와 옆선을 박는다

5. 도련단을 박는다

6. 완성된 속저고리

1. 저고리와 속저고리의 고대부분을
   시침박음한다

2. 깃 부분도 시침박음한다

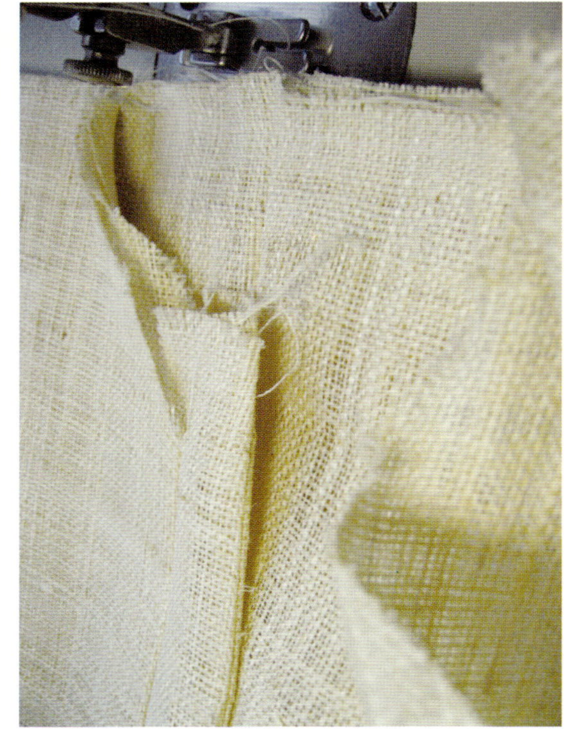

3. 저고리 속에 속저고리를 넣어 시침한 모습

1. 겉깃 박기

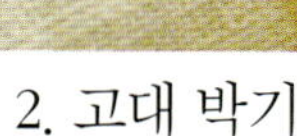

2. 고대 박기

3. 안깃 박기

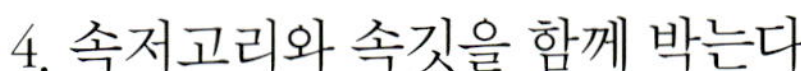

4. 속저고리와 속깃을 함께 박는다

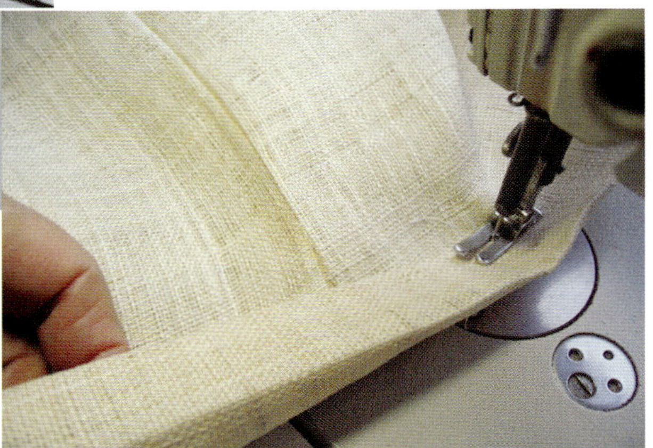

5. 속고대 박기

6. 속저고리를 저고리
깃에 붙인 모습

1. 긴 고름을 겉섶 끝에 박는다

2. 앞길에 짧은 고름을 단다

3. 고름을 단 모습

1. 완성된 수의 저고리 속

2. 저고리 겉면 모습

4. 바지와 속바지

　수의 남자바지는 일반 한복의 남자바지와 똑같이 허리, 마루폭, 큰사폭, 작은사폭으로 이루어져 있으며, 착의의 편의를 위해 무릎까지 내려오는 짧은 속바지를 바지허리에 붙여 만들기도 한다.

(1) 본뜨기

　본뜨기에 필요한 치수는 엉덩이 둘레와 바지길이이며, 수의 남자바지에 필요한 참고치수는 다음과 같다.

수의 바지의 참고치수(cm)

명칭 / 구분	길이	바지통	허리둘레	허리나비	부리	밑위	허리띠		대님	
							길이	나비	길이	나비
대	140	53	140	17	28	54				
중	130	50	130	16	28	53	150-160	7-10	80-90	3-4
소	120	47	120	15	28	52				

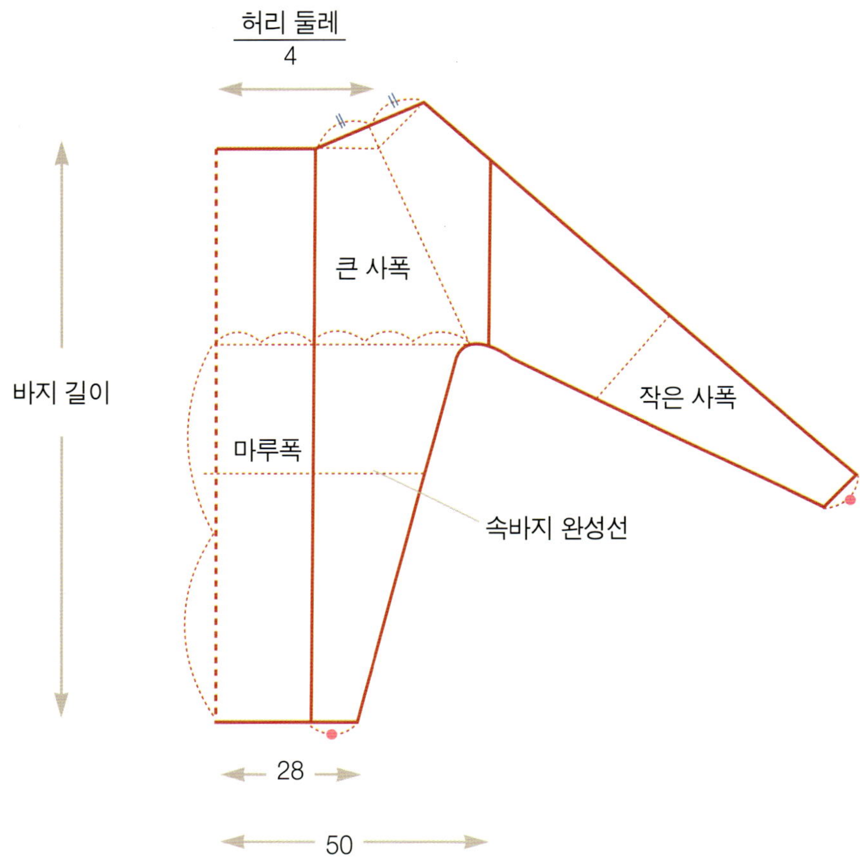
허리 둘레
4
큰 사폭
작은 사폭
바지 길이
마루폭
속바지 완성선
28
50

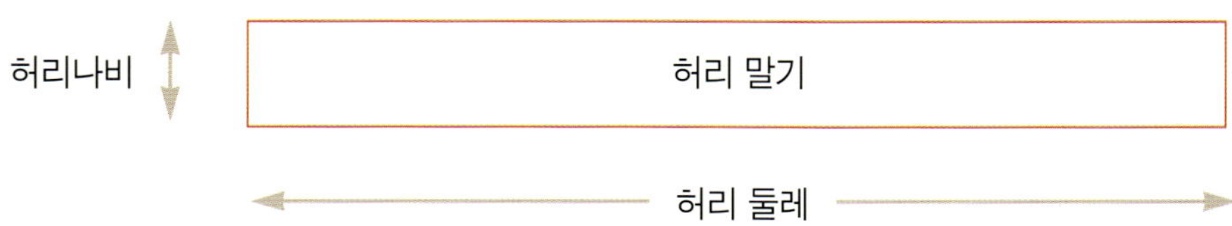
허리나비
허리 말기
허리 둘레

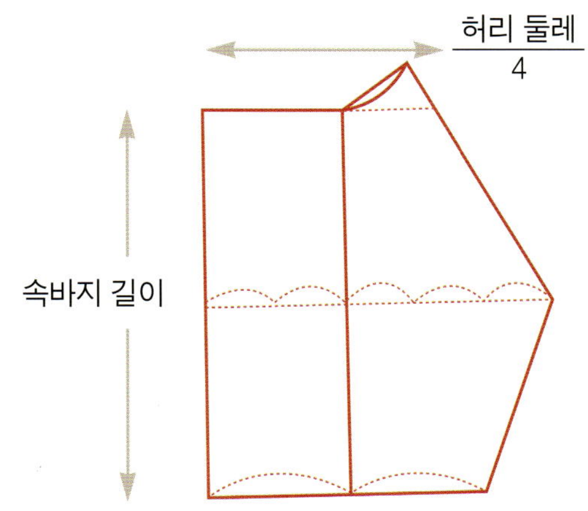

(2) 옷감 필요량

수의 바지의 옷감 계산법과 필요량

옷감의 폭(cm)	옷감 계산법	필요량(cm)
33-35	(길이×4＋작은사폭×2)×2＋허리둘레 ＋시접분+속바지분	1100-1300 (11마-13마)
110-120	(길이×2＋시접분)×2	400-450 (4-5마)

(3) 마름질

겉감과 안감의 마름질이 같기 때문에 겉감만 마르기로 한다.

수의바지 마름질

길이(큰 사폭)	길이(큰 사폭)	길이(마루폭)	길이(마루폭)

작은 사폭×2	허리둘레	속바지분

(4) 바느질

1. 큰 사폭과 작은 사폭을
   붙인다(시접은 큰 사폭 쪽)

2. 겉면과 속면이 같은 방향이 되도록 4장을 만든다
   겉면은 겉면끼리, 속면은 속면끼리 같은 방향이 되도록 한다

1. 마루폭의 위치

2. 시접의 방향
   (사폭은 큰 사폭 쪽, 마루폭은 마루폭 쪽)

3. 마루폭과 사폭을 붙인 모습

1. 겉겹과 안감을 겉면끼리 놓고 박는다

2. 양쪽 부리를 박아서 펼친 모습

1. 부리를 박은 후 펼쳐서 반으로 접어 바지
   형태로 만든 후 부리에서부터 배래를 박기
   시작한다

2. 사폭 쪽 배래를 안과 겉
   4겹으로 박는다

3. 밑부분은 약간 둥굴려 박은
   다음 허리쪽으로 뒤집는다

1. 왼쪽 오른쪽 바지 폭을 연결한다

2. 앞뒷판을 연결한다

3. 밑단을 박고 배래를 박는다

4. 밑단과 배래를 박아 뒤집은 모습

5. 완성된 속바지

1. 속바지를 바지 속에 넣는다

2. 바지 허리에 붙일 수 있도록
   시침박음한다

3. 속바지를 붙인 모습

1. 허리통을 붙인다

2. 허리와 속바지와 연결된 바지를
   함께 박는다

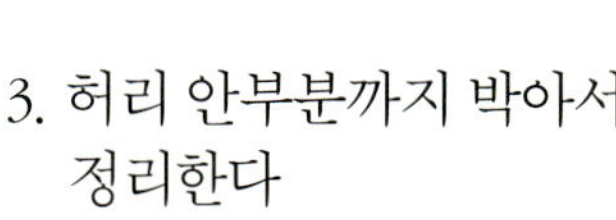

3. 허리 안부분까지 박아서
   정리한다

4. 허리를 붙인 모습

5. 허리띠 붙일 자리를 정한다
   (뒷부분)

6. 허리띠를 박는다

1. 대님을 만들어 발목 부분에 붙일 자리를
   마련한다

2. 대님을 붙인다

3. 대님과 허리끈를 붙여 완성한 바지

5. 버선과 행전, 습신

버선은 한복 버선과 같으며 크기만 넉넉하게 한다.

버선 만들기

(1) 본뜨기

버선 본뜨기에 필요한 치수는 발길이와 버선길이이며, 수의 버선의 참고치수는 다음과 같다.

수의 버선의 참고치수(cm)

명칭 \ 구분	대	중	소
발길이	32	30	29
버선길이	43	42	40

버선 본뜨기

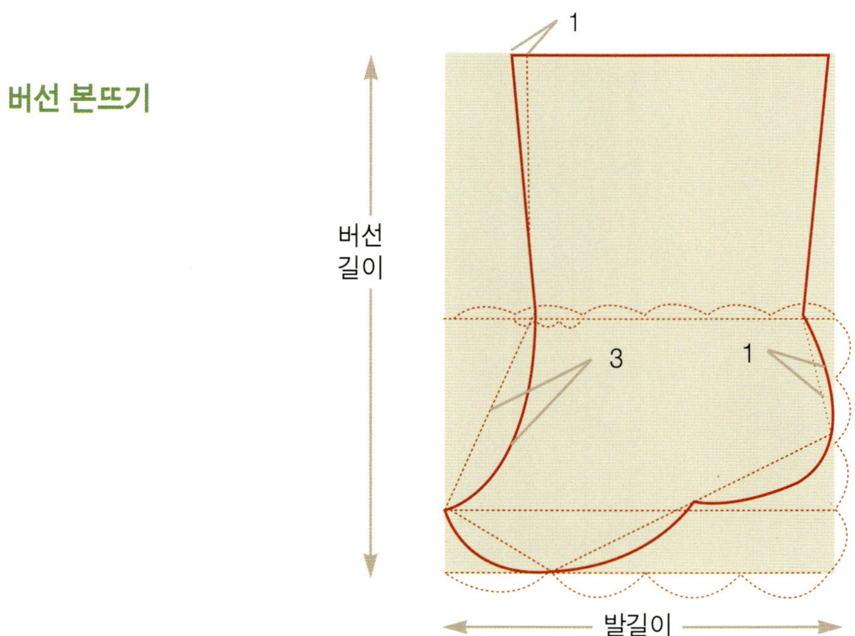

(2) 옷감 필요량

버선 만드는데 필요한 옷감의 계산법과 필요량은 다음과 같다.

수의 버선의 옷감 계산법과 필요량

옷감의 나비(cm)	옷감 계산법	필요량
33-35	(버선길이×4+시접분)×2	300(3.5마)

(3) 마름질

안감과 겉감이 같을 경우 버선목을 붙이거나, 발 한 쪽에 4장씩 마르면 간편하게 양쪽을 겹으로 만들 수 있다.

버선 마름질

버선길이×2	버선길이×2	버선길이×2	버선길이×2

(4) 바느질

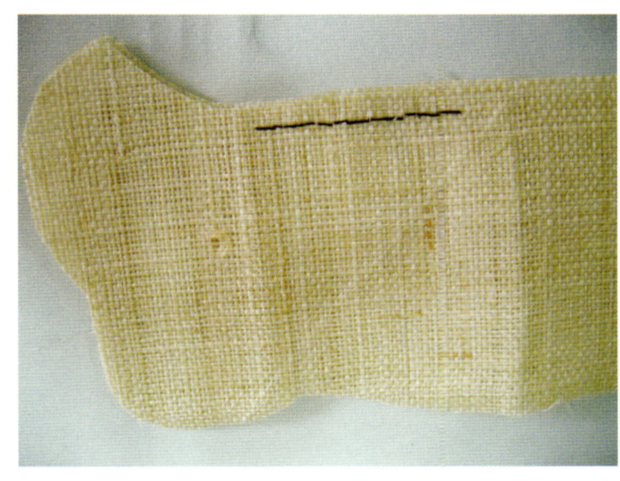

1. 두 장을 겹쳐서 창구멍을 박는다

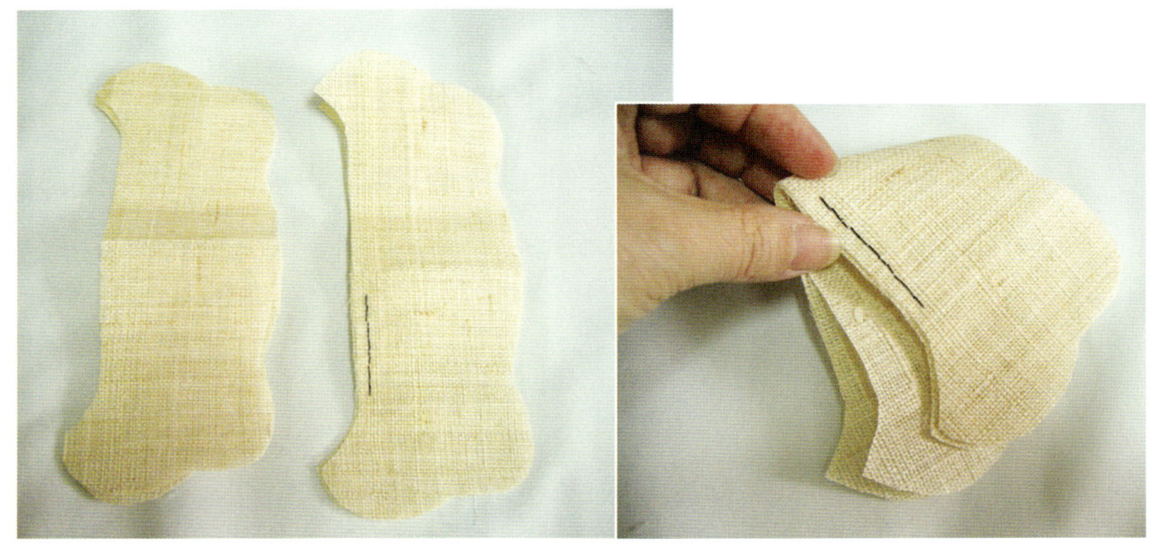

2. 목을 연결한 후 한쪽 부분에만 창구멍을
박은 모습

3. 창구멍 크기 만큼 박은 모습

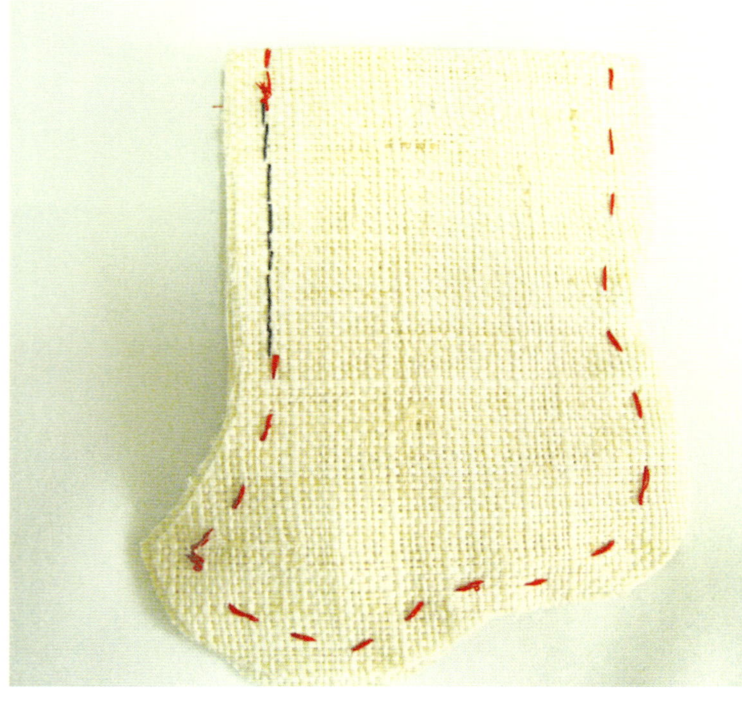

4. 4겹으로 접어서 창구멍(박은
부분)을 제외한 부분을 박는다
(점선 부분)

5. 창구멍을 제외한 부분을 박은 모습
(뒷면은 4번의 모습이 된다)

6. 창구멍으로 뒤집는다. 똑같이 한 장을 더 만들
때 수눅 시접에 주의한다

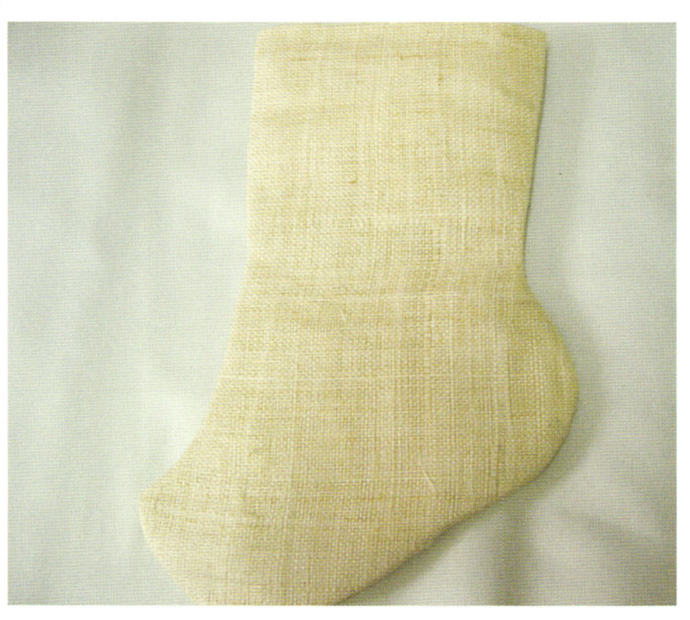

7. 뒤집어 완성된 모습

(1) 본뜨기

행전 본뜨기에 필요한 치수는 길이와 폭이며, 참고치수는 다음과 같다.

수의 행전의 참고치수(cm)

명칭 \ 구분		대	중	소	끈
길이		34	32	30	25
폭	위	30	28	27	1.5
	아래	26	25	24	

행전 본뜨기

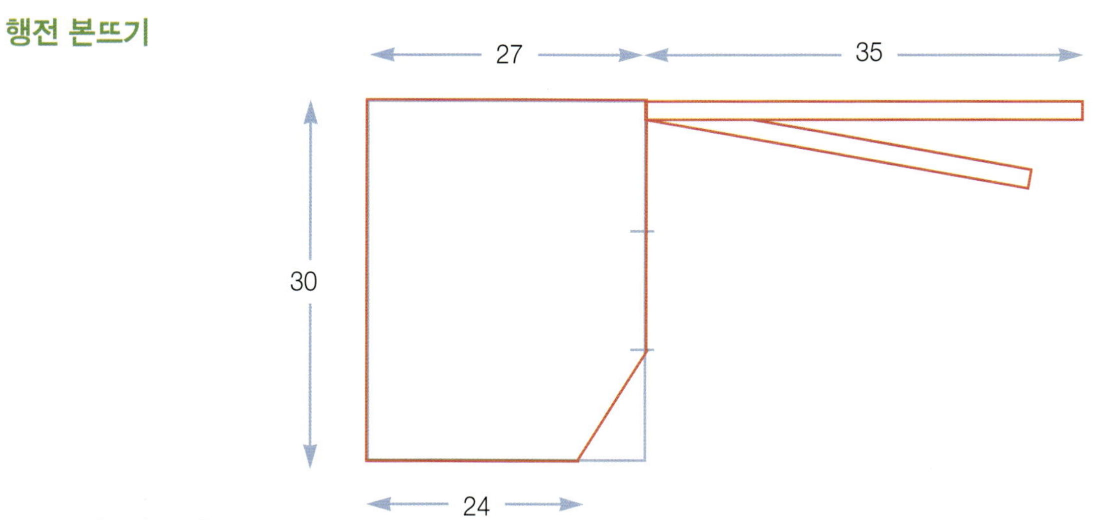

(2) 옷감 필요량

행전 만드는데 필요한 옷감의 계산법과 필요량은 다음과 같다.

옷감의 나비(cm)	옷감 계산법	필오량
33-35	길이×2+시접분	80(1마)

(3) 마름질

홑겹으로 양쪽 두 장을 만든다.

수의 행전 마름질

길이	길이

(4) 바느질

1. 행전 본 배치

2. 마름질한 모습

3. 단을 박는다(윗단과 옆)

4. 아랫단을 박는다

5. 옆선을 박고 뒤집어서 통으로 만든 모습
   (옆트임부분까지만 박음)

6. 옆트임단과 옆선을 박은 모습

7. 한쪽 끈을 연결한다

8. 양쪽 끈을 박는다

9. 끈의 위치와 끈을 달은 모습

10. 완성된 수의 행전

습신 만들기

습신은 바닥이 있는 덧버선처럼 만들기도 하지만 본서에서는 바닥없이 목 없는 버선처럼 만들기로 한다.

(1) 본뜨기

습신 본뜨기에 필요한 치수는 발길이이며, 습신의 참고치수는 다음과 같다.

습신의 참고치수(cm)

명칭 \ 구분	대	중	소
발길이	33	31	30

습신 본뜨기

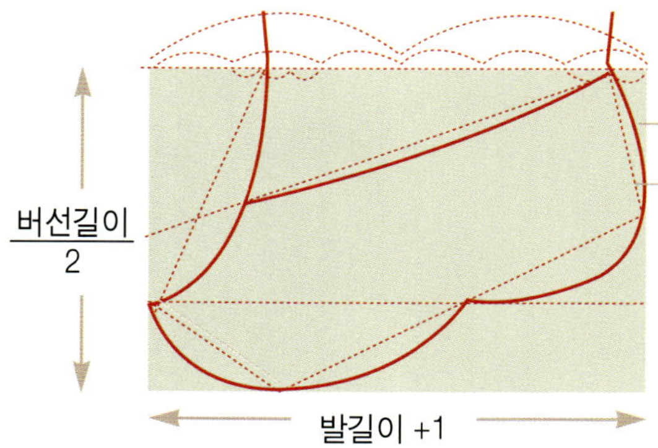

(2) 옷감 필요량

습신 만드는데 필요한 옷감의 계산법과 필요량은 다음과 같다.

수의 습신의 옷감 계산법과 필요량

옷감의 나비(cm)	옷감 계산법	필요량
33-35	길이×2+시접분	60(0.5마정도)

(3) 마름질

습신 마름질

발길이	발길이

(4) 바느질

1.습신 본 배치

2. 목부분을 박는다

3. 목부분을 박은 모습

4. 목을 붙인 두 장을 겉부분이 마주 보도록
   겹쳐 놓는다

5. 바닥 부분에 창구멍을 박는다
(한쪽면만 박음)

6. 신발 모양으로 접는다

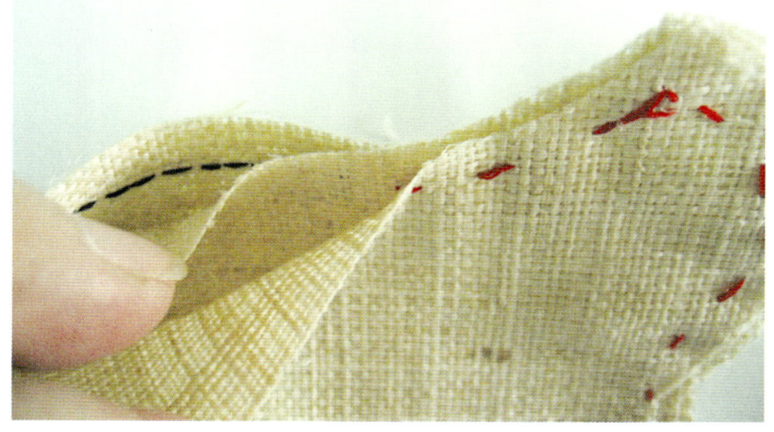

7. 창구멍(박은 부분)을
   제외한 부분을 박는다

8. 창구멍으로 뒤집는다

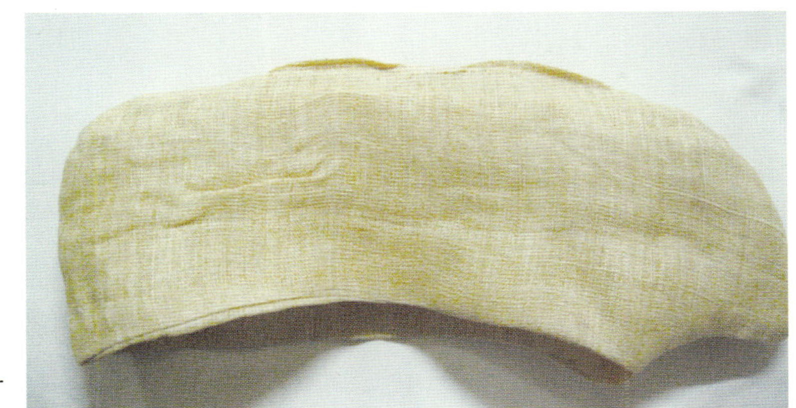

9. 창구멍을 막는다

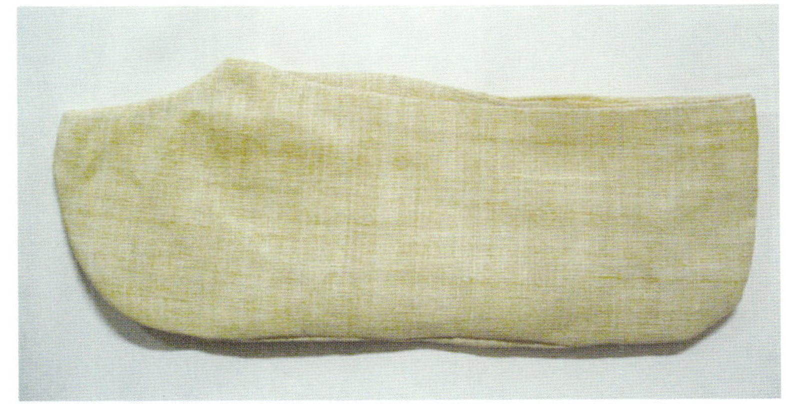

10. 다시 뒤집는다

11. 뒤꿈치에 끈을 단다

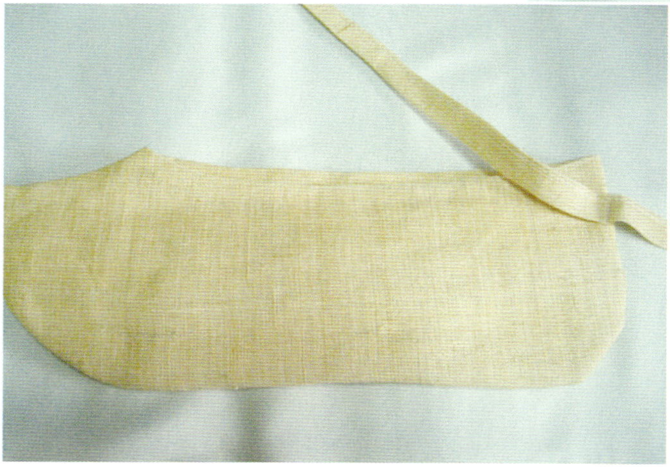

12. 완성된 모습

13. 똑같이 한짝을 더 만든다

6. 악수와 오낭

악수 만들기

전통적인 악수의 형태는 누운 아(亞)자 모양을 하고 있어 착의 시 손가락 고정이 목적이지만 현재 사용되고 있는 악수는 착의 시 손의 말초적인 부분을 감싸게 되어 있는 엄지없는 벙어리 장갑 모양이 주를 이루기 때문에 본서에서도 주머니 모양의 악수를 만들고자 한다.

(1) 본뜨기

악수 본뜨기에 필요한 치수는 손목에서부터 손끝까지의 손길이와 손넓이가 필요하지만 일반적으로 넉넉하게 한 가지 크기로 제작되어지고 있으며 악수의 참고치수는 다음과 같다.

악수의 참고치수(cm)

손길이	30-35
손넓이	20-25

악수 본뜨기

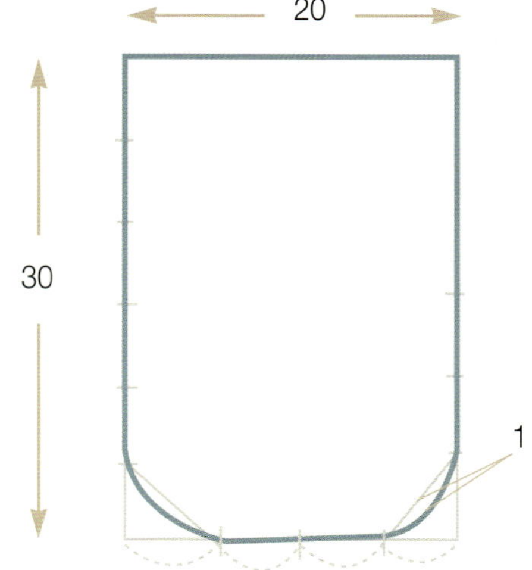

(2) 옷감 필요량

악수는 반드시 겹으로 만들며, 필요한 옷감의 계산법과 필요량은 다음과 같다.

악수의 옷감 계산법과 필요량

옷감의 나비(cm)	옷감 계산법	필요량
33-35	길이×4+시접분	160-180(2마정도)

(3) 마름질

악수 마름질

길이	길이	길이	길이

(4) 바느질

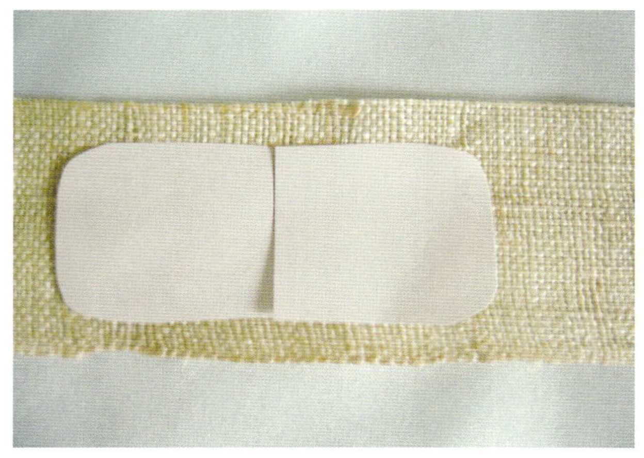

1. 악수 본 배치

2. 마름질한 모습

3. 두 장을 겹쳐 놓는다

4. 창구멍 부분을 한쪽만 박는다

5. 두 장을 겹쳐 창구멍을 박은 모습

6. 반으로 접어서 악수모양으로
   하여 창구멍 박은 부분을
   제외한 나머지 부분을 박는다

7. 창구멍을 제외한 4겹을 박은 모습
   (뒷부분은 5번처럼 창구멍 부분만
   박혀 있다)

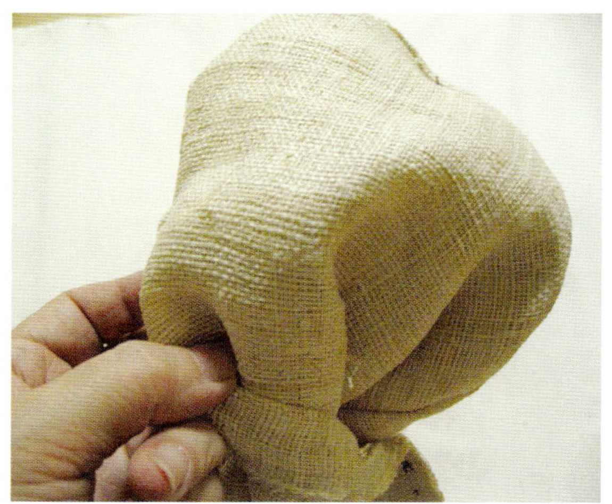

8. 창구멍으로 뒤집는다

9. 뒤집은 모습

10. 창구멍을 막은 다음 다시 뒤집는다

11. 다시 뒤집은 모습(9번과 같음)

12. 솔기 부분에 끈을 단다

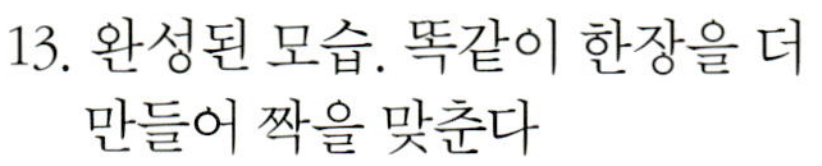

13. 완성된 모습. 똑같이 한장을 더
만들어 짝을 맞춘다

오낭은 양쪽 손톱, 양쪽 발톱, 머리카락을 넣는 다섯 개의 주머니를 말한다. 여러 가지 주머니 모양으로 만들 수 있지만 본서에서는 가장 일반적인 작은 주머니 모양으로 만들고자 한다.

(1) 본뜨기

본을 뜰 필요도 없이 작고 간단하지만 참고치수는 다음과 같다.

오낭의 참고치수(cm)

가로	세로
8-10	5-6

오낭 본뜨기

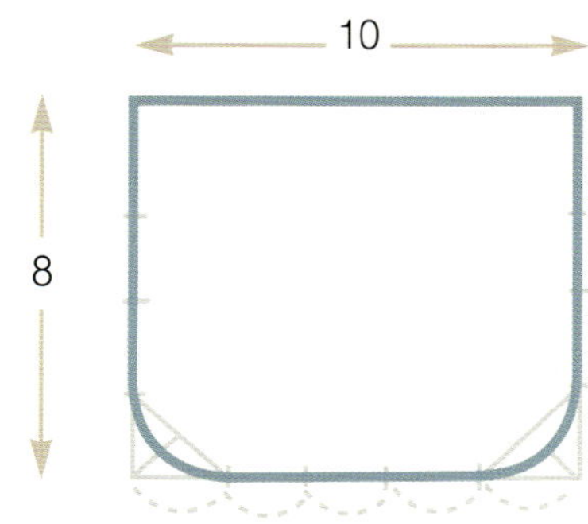

(2) 옷감 필요량과 마름질

오낭은 수의를 만들면서 남는 자투리 감으로도 충분히 만들 수 있기 때문에 별도의 옷감 필요량과 마름질 법을 두지 않기로 한다.

(3) 바느질

1. 오낭 본 배치

2. 똑같이 5장을 마름질한다

3. 단을 접는다
   겹으로 할 때는 악수와
   같은 방법으로 한다

4. 윗단을 박는다

5. 윗단을 제외한 3면을 박는다

6. 뒤집어 완성한다
   똑같은 방법으로 5장을 만든다

7. 복건과 명목

복건 만들기

복건은 남자머리에 쓰는 두의로서 한 폭으로 만든다 하여 붙여진 이름으로 수의 마지막에 입히는 품목이다.

(1) 본뜨기

복건 본뜨기에 필요한 치수는 머리에서부터 목까지의 길이가 필요하지만 일반적으로 넉넉하게 한 가지 크기로 제작되어지고 있으며 복건의 참고치수는 다음과 같다.

수의 복건의 참고치수(cm)

복건길이	60-65
끈길이	50-55

복건 본뜨기

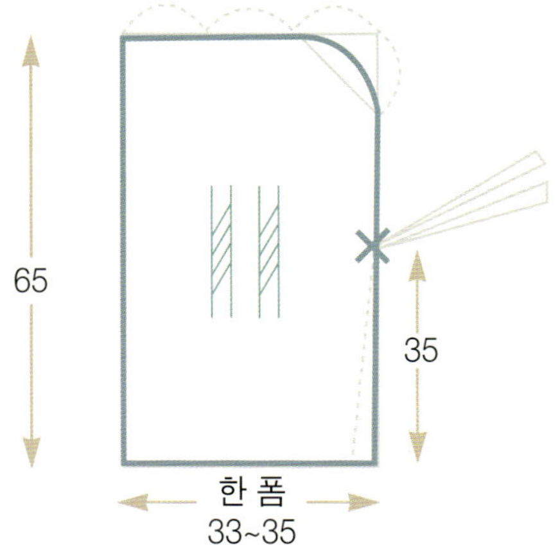

(2) 옷감 필요량

한 폭으로 만들며, 필요한 옷감의 계산법과 필요량은 다음과 같다.

복건의 옷감 계산법과 필요량

옷감의 나비(cm)	옷감 계산법	필요량
33-35	길이×4+시접분	200-250(2-3마)

(3) 마름질

복건 마름질

복건길이	복건길이	복건길이	복건길이

(4) 바느질

1. 복건 본 배치

2. 반으로 접어 뒷부분을 트임
   까지 박는다(이때 단처리를
   미리해두어도 무방)

3. 뒷트임 단하기

4. 트임과 단처리된 부분

5. 앞 이마와 옆 얼굴 부분,
   뒷트임까지 선단을 붙인다

6. 이마부분 선단하기

7. 옆과 뒷부분 선단을
   박은 모습

8. 트임 안쪽 단처리와
   선단의 모습

9. 주름을 시침한다

10. 주름을 박은 모습

11. 뒷트임 바로 위에 끈을 단다

12.완성된 복건

전통적인 명목은 눈과 얼굴을 가리는 작은 크기였으나 요사이는 얼굴과 머리 전체를 덮는 크기의 얼굴싸개라 함이 마땅한 것이 사용되어지기 때문에 본서에서도 보자기 모양의 얼굴싸개를 만들기로 한다.

(1) 본뜨기

얼굴과 머리 전체를 감쌀 수 있을 정도의 보자기 크기로 치수는 다음과 같다.

명목의 참고치수(cm)

가로	세로
70	70

명목 본뜨기

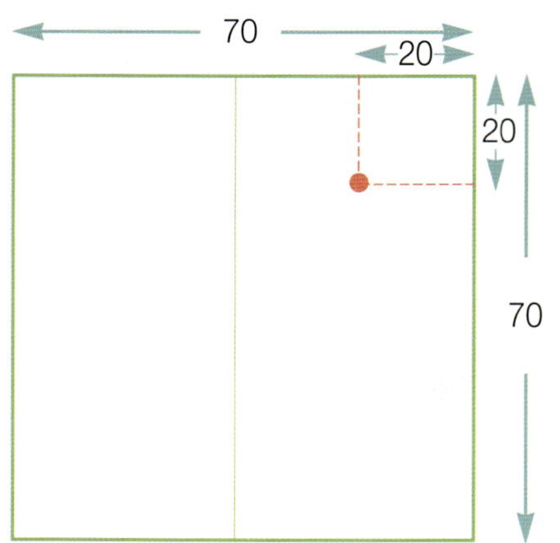

(2) 옷감 필요량

두 폭으로 이은 보자기모양으로, 필요한 옷감의 계산법과 필요량은 다음과 같다.

<h2 style="text-align:center">명목의 옷감 계산법과 필요량</h2>

옷감의 나비(cm)	옷감 계산법	필요량
33-35	가로+세로 +시접분	100(1마 정도)

(3) 마름질

명목 마름질

가로 길이	가로 길이

(4) 바느질

1. 길이대로 마른 두 폭을 이어
   붙인다

2. 두 폭을 붙인 모습

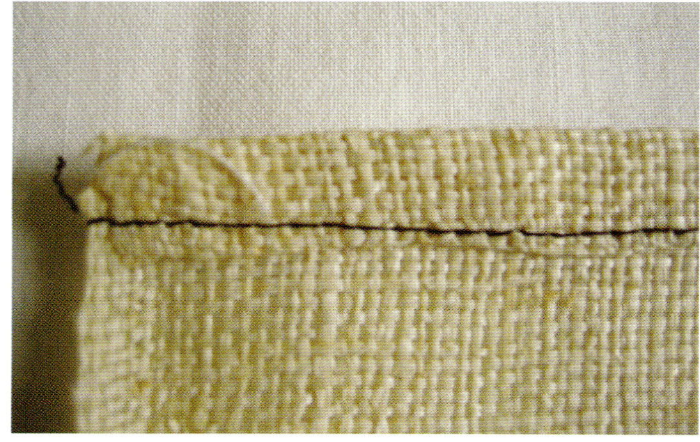

3. 끝단을 박는다

4. 가운데 폭을 이은 부분

5. 한쪽 끝단을 박은 모습

6. 양쪽 끝단을 다한 모습

7. 끈을 접어 만든다

8. 끈 길이대로 박는다

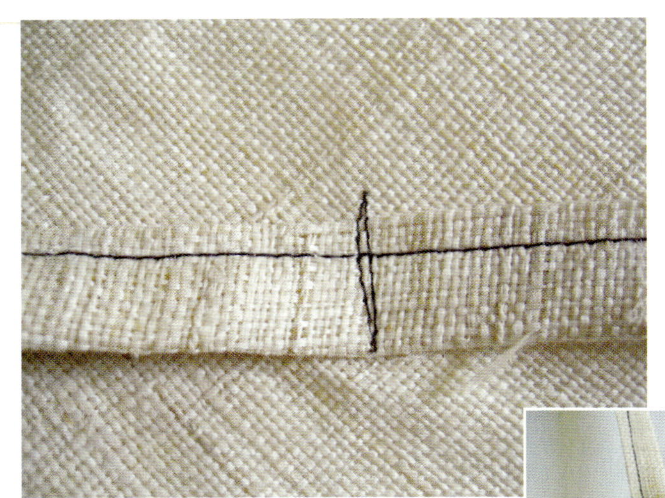

9. 표시된 위치에 끈을 붙인다

10. 명목에 붙인 끈

11. 완성된 모습

8. 천금, 지요, 베개

  천금이란 수의 이불로서 관속에 들어가는 크기의 형식적인 이불을 의미한다. 세 폭의 구조를 가지기 때문에 한 폭에 양 옆을 붙이는 형태 혹은 반폭을 세 쪽 붙이는 형태 등 다양하게 만들 수 있다.

  지요는 관 속에 까는 요로서 천금보다 약간 작게 겹으로 만든다.

  베개는 머리를 받치는 용도라기보다는 형식적인 요소의 품목이라고 할 수 있다.

(1) 본뜨기

  관속에서 덮는 이불이기 때문에 대렴할 때의 대렴금이나 소렴할 때의 소렴금보다 크기가 작고 겹으로 만들며, 실측치수를 기준으로 한 참고치수는 다음과 같다.

천금 · 지요 · 베개의 참고치수(cm)

명칭 \ 구분	가로	세로
천금	65-70	180-210
지요	50-55	170-130
베개	30	15
베게싸개	28	30

천금 · 지요 · 베개 본뜨기

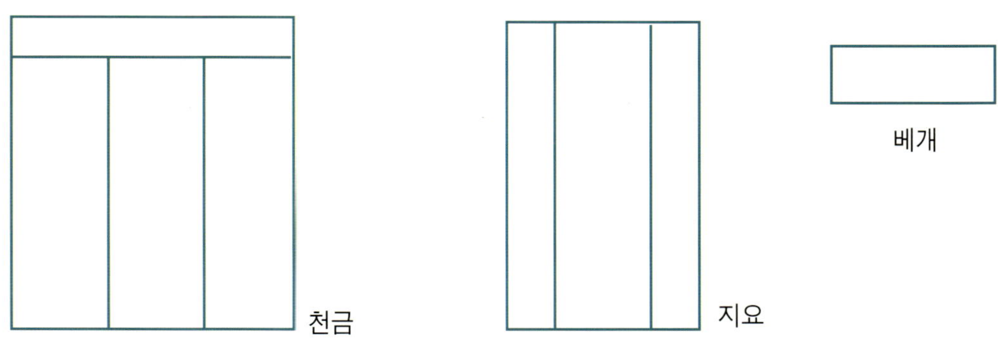

(2) 옷감 필요량

베개는 남는 자투리 감으로 만들고 자투리를 속으로 넣기 때문에 특별히 옷감이 필요치 않다고 할 수 있으며, 천금과 지요는 겹으로 만들기 때문에 필요한 옷감의 계산법과 필요량은 다음과 같다.

옷감 계산법과 필요량

옷감의 나비(cm)	옷감 계산법	필요량
33-35	이불길이×3 +요길이×2+시접분	1000(10마정도)

(3) 마름질

천금, 지요, 베개의 옷감 계산법과 필요량

이불길이	이불길이	이불길이	이불길이
			이불길이

요길이	요길이	요길이	베개 및 싸개
		요길이	

(4) 바느질

1.겉 두 폭을 연결한다

2. 겉 두 폭 연결한 후 다시 한 폭을 더
　연결한다

3. 세 폭을 연결한 모습

4. 연결된 세 폭 윗부분에 이불 머리말을 붙인다

5. 머리말을 박은 모습

6. 머리말을 붙인 이불 겉면

7. 안쪽면 두 폭을 연결한다

8. 안쪽 두 폭을 붙인 모습

9. 이불 겉면과 안면을 박은 모습

10. 겉면과 안면을 연결한다

11. 창구멍을 남기고 겉과 안을
    다 박은 모습

12. 뒤집어서 완성한 천금

지요 만들기

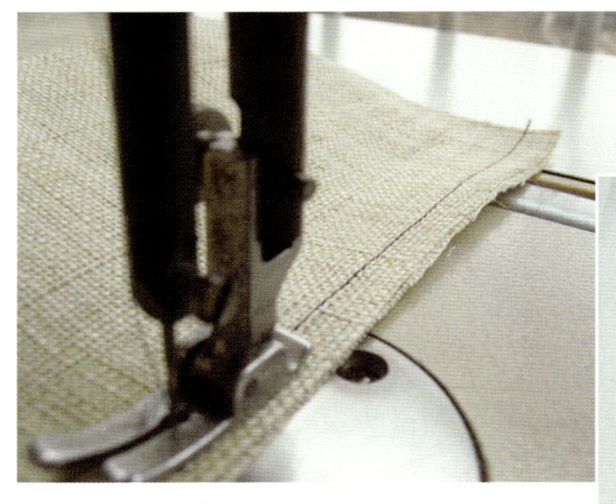

1. 두 쪽을 연결한다

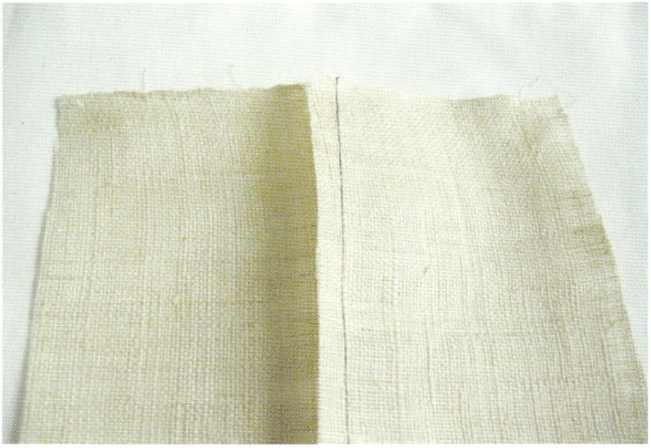

2. 두 쪽을 연결한 모습

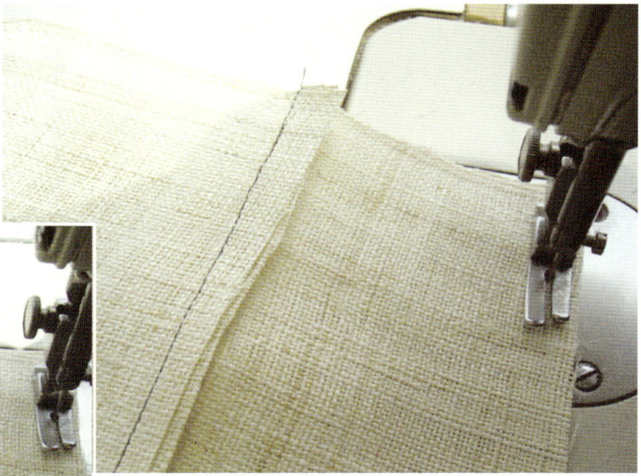

3. 두 쪽에 한 쪽은 더 연결한다

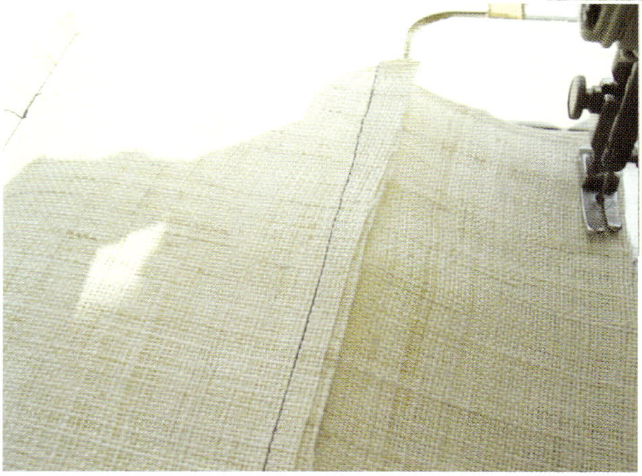

4. 준비된 앞뒤 쪽을 연결한다

5. 큰 쪽과 작은 쪽이 연결된 모습

6. 앞뒤 폭을 맞추어 창구멍을 남기고
   접어서 박는다

7. 뒤집은 모습

8. 완성된 지요와 천금

9. 베개는 길이대로 두 쪽을 창구멍만 남기고 박아 뒤집은 다음 자투리 천을 속에
   넣어 창구멍을 막아 완성한다

9. 염포

염포란 전통적인 수의 품목에서는 수의를 입힌 시신을 둘러 감쌀 때 사용하는 소렴금이나 입관시의 대렴금을 합친 용도의 현대에 새로 생긴 품목이라고 할 수 있기 때문에 전통적인 수의에서는 나타나지 않는다.

(1) 본뜨기

옷감을 절약과 편의를 위해 겹치는 부분이 삭제된 이불의 형태를 하고 있으며, 실측치를 기준으로 한 참고치수는 다음과 같다.

염포의 참고치수(cm)

염포길이	430-460
날개길이	180-200

염포 본뜨기

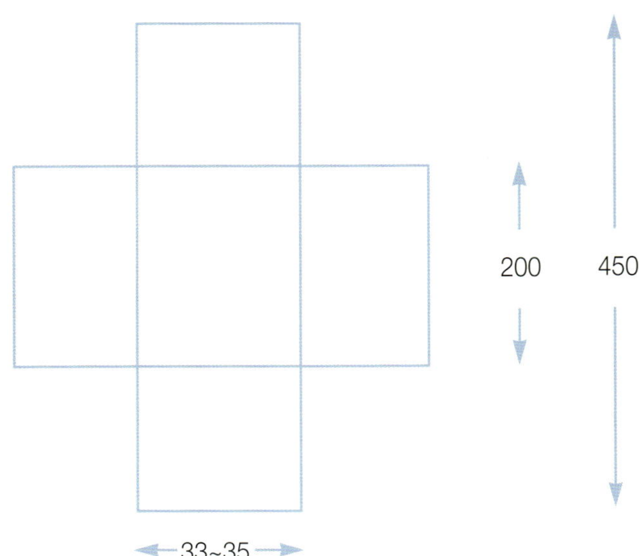

(2) 옷감 필요량

염포는 한 폭을 다 사용하여 길이로 되어 있고, 옆에 날개처럼 붙여서 만들며 필요한 옷감의 계산법과 필요량은 다음과 같다.

염포의 옷감 계산법과 필요량(cm)

옷감의 나비(cm)	옷감 계산법	필요량
33-35	염포길이+날개 길이×2+시접분	800-900(10마 정도)

(3) 마름질

염포 마름질

염포 길이	날개 길이	날개 길이

(4) 바느질

2. 다른 쪽 날개를 박는다

1. 위 아래 시접을 박은 후 한 쪽 날개를 붙인다

3. 오른쪽 날개를 붙인 모습

4. 왼쪽 날개를 박는다

5. 양쪽 날개를 붙인 모습

6. 위 아래 단을 박아 정리한다

7. 날개부분의 단도 박는다

8. 염포의 모습

10. 턱받이

턱받이는 잘 사용하지 않기도 하지만 간혹 찾는 사람도 있기 때문에 만들어 보기로 한다.
본뜨기는 필요치 않으나 가로 25cm, 세로 8-10cm의 마름모통형이나 삼각형으로 만들어 속을
약간 채워 부피감을 주고, 양쪽에 30cm 정도의 끈을 달아주면 된다.

(1) 바느질

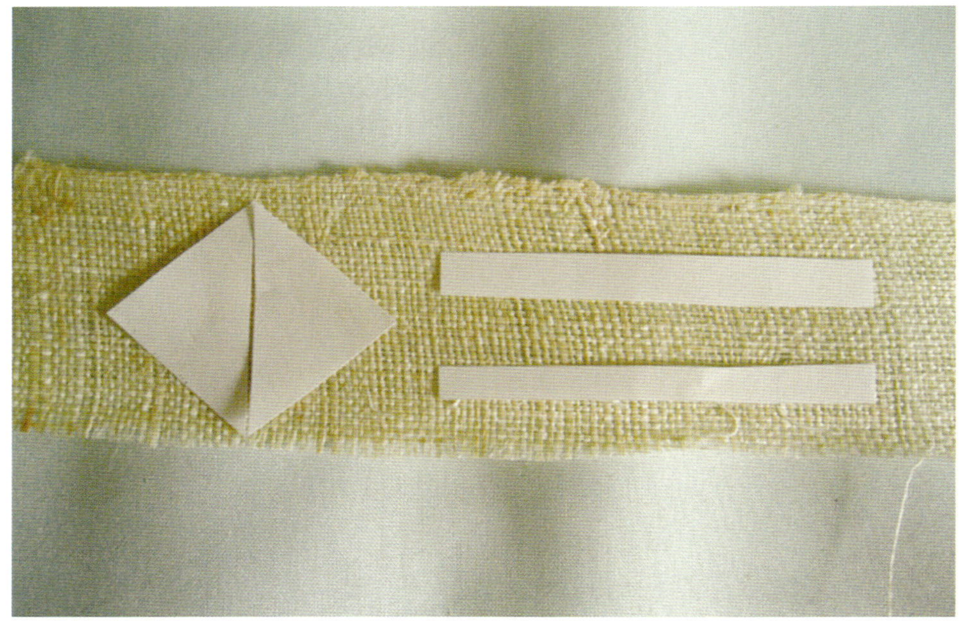

1. 본 배치

2. 위와 옆 선을 박는다

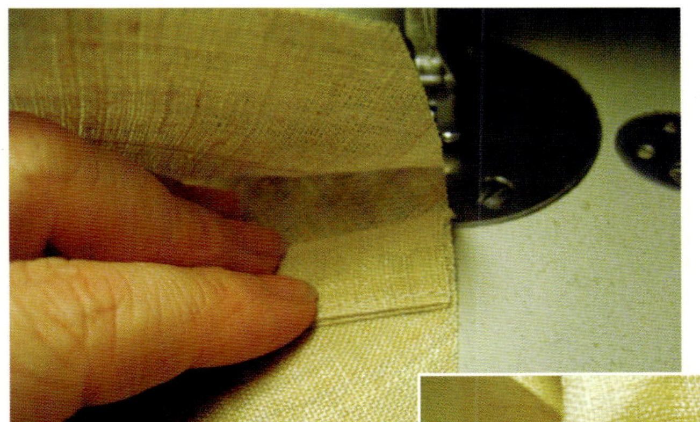

3. 끈을 만들어 속에 넣고 박는다

4. 뒤집어 끈을 빼낸 모습

5. 양쪽에 끈을 단다

6. 속을 자투리 천으로 채워서
   턱을 받칠수 있도록 하기도 한다

7. 트임이나 창구멍을 막는다

8. 속을 채우지 않은 모습

9. 속을 채워 만든 다른 모습

11. 매질용 포

매질은 탈관할 때 필요한 끈으로 수의를 입히고 이불로 싼 시신을 묶기 위해서 한 폭의 베를 길이에 따라 잘라서 사용한다. 한 조각의 양쪽을 세 갈래로 하여 묶으며 지역에 따라 다르기도 하지만 대부분의 지역에서 7조각을 한다.

전체적으로 11마에서 12마 정도(1000-1200cm) 정도면 매질이 가능하며, 머리부분과 종아리, 발 부분은 조금 짧게 하고 가슴과 배, 허벅지 부분은 조금 넓게 하면 매질하기에 수월하므로 다음과 같이 재단하여 사용하면 편리하다.

매포 마름질 배치

2장 여자 수의 만들기

수의를 만들 때는 실제 인체실측을 하여 본을 뜨기도 하지만 일반적인 치수를 기본으로 하여 크고 넉넉하게 만들기 때문에 키 150 - 180cm 정도의 보통 사람들에게 문제가 없지만 그 이상일 경우는 사이즈를 조절하여 제작하여야 한다.

그리고 정형화된 수의의 구성법이 있는 것은 아니기 때문에 평상시 입는 한복에 착의의 편의를 위해 평상시 사이즈보다 보통 5-30cm 가량 크게 만들면 되기 때문에 치수 1-2cm에 크게 신경쓰지 않고 넉넉하게 만드는 것이 좋다.

본서에서는 현재 시중에서 유통되고 있는 수의를 실측한 것을 기준으로 하여 치수를 제시하였으며, 제작 방법도 실제 입는 한복의 제작이 아니고 수의로서 특징이 반영되어 제작이 되기 때문에 뒤로 되돌아 박지 않으며, 동정을 달지 않고, 허리나 깃을 붙여 제작하기도 하며, 제작의 편의상 전통적인 한복의 바느질법을 다소 벗어날 수 있음을 밝혀둔다.

그리고 마름질의 기준은 33-35cm폭의 옷감으로 제시된 것이다.

1. 원삼

원삼은 전통혼례복의 겉옷으로서 수의의 겉옷으로 이용되고 있다. 요사이 한복의 겉옷으로 두루마기, 당의 등을 입기 때문에 본인이나 가족들의 의사에 따라 수의 겉옷으로 두루마기나 당의를 입는 것도 무방하다고 할 수 있다.

(1) 본뜨기

원삼 본뜨기에 필요한 치수는 가슴둘레, 원삼길이, 화장 등이 필요하지만 실측치를 기준으로 제시한 참고치수는 다음과 같다.

수의 원삼의 참고치수

명칭	구분	대	중	소
가슴둘레		110	100	90
화장		95	90	85
길이	앞길이	140	130	120
	뒷길이	160	150	130
소매나비		65	55	45
깃	길이	100	95	93
	나비	8	7.5	7
고대		23	22	21
진동		36	35	34
원삼띠	길이	280		
	나비	7		
선		6.5-7		

(2) 옷감 필요량

수의 원삼은 겹으로도 하지만 삼베일 경우 주로 홑겹으로 선을 넣어서 하며, 혼례복과는 달리 수의로 만들 때는 한삼을 달지 않기도 한다.

수의 원삼의 옷감 필요량과 계산법

옷감의 폭(cm)	옷감 계산법	필요량(cm)
33-35	앞길이×2+뒷길이×2+소매나비×4 +선분+시접	1000-1100 (11마-12마)
110-120	뒷길이×2+소매나비×2+시접	400-450 (4.5-5마)

원삼 본뜨기

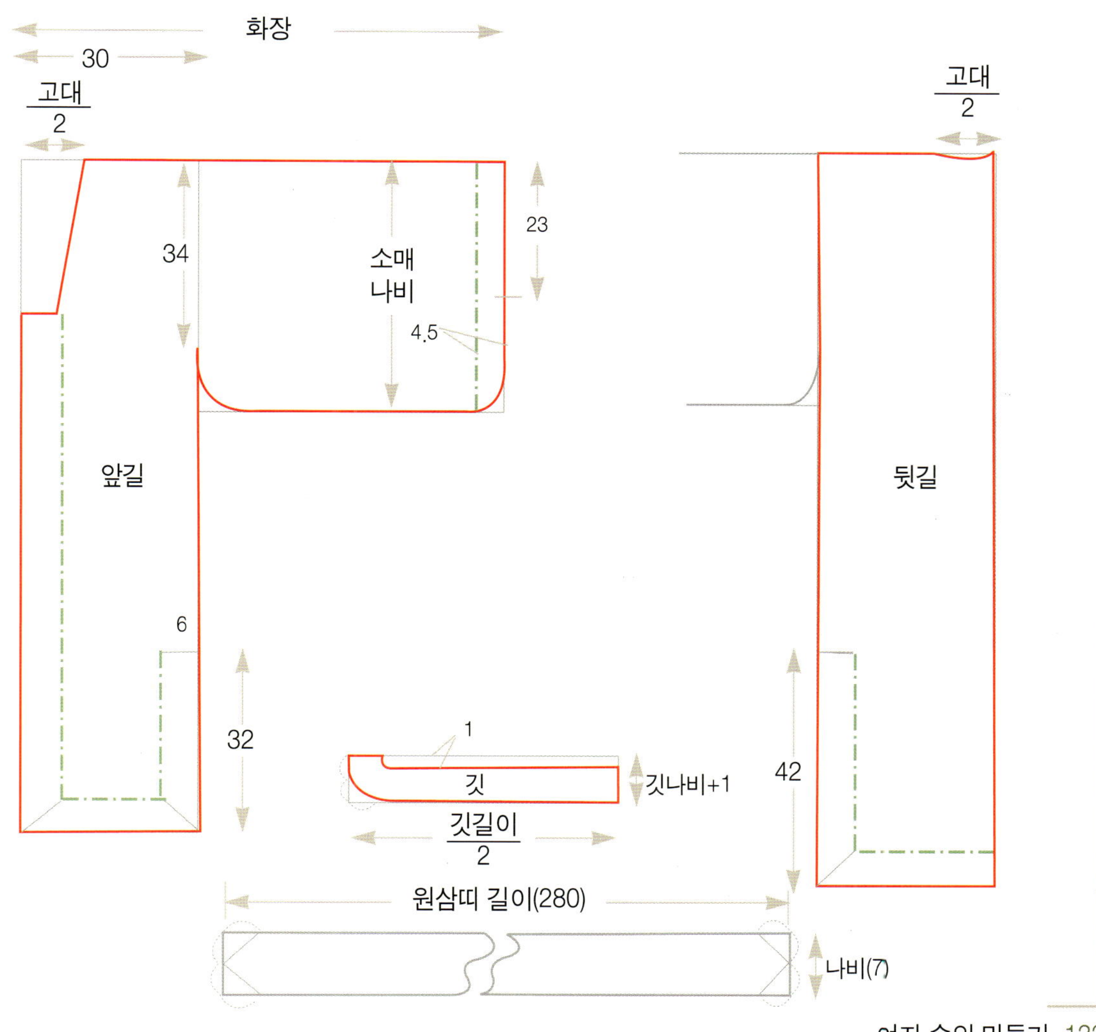

(3) 마름질

원삼 마름질

소매나비×2	소매나비×2	소매나비×2	소매나비×2
			깃길이

앞길이+뒷길이	앞길이+뒷길이

선분
원삼띠

(4) 바느질

원삼 본 배치

1. 뒷길 등솔을 박아 좌우 뒷판을 붙인다

2. 솔기는 입어서 오른 쪽으로 꺾는다

3. 좌우 뒷판을 연결한 모습

1. 소매길이대로 폭을 이은 후
   소매 끝에 선단을 붙인다

2. 겉면에 선이 오도록 하여 박는다

3. 완성된 소매단

1. 길과 소매를 연결한다

2. 진동선까지 박아서 시접을
가른 모습

3. 소매를 붙인 겉 모습

1. 뒷트임 표시부분부터 선단을 박는다

2. 아랫단과 반대쪽 트임부분까지 선단을 박는다

3. 선단을 붙인 안 모습

4. 선단을 뒤집어서 겉면을 트임부터
   박기 시작한다

5. 모서리부분 선단을 잘
   정리하여 박는다

6. 모서리를 양쪽 다 박고 반대편
   트임까지 선단을 완성한다

앞판 선단하기

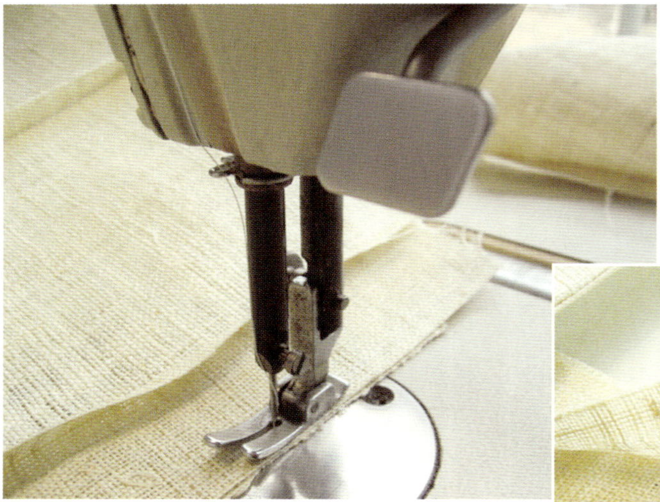

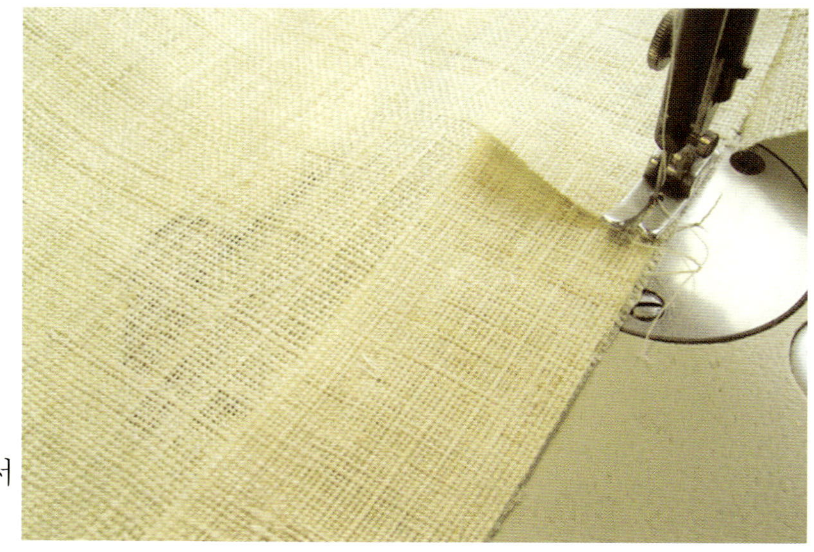

1. 앞 여밈 부분의 선단은 깃에서 시작하여 박는다

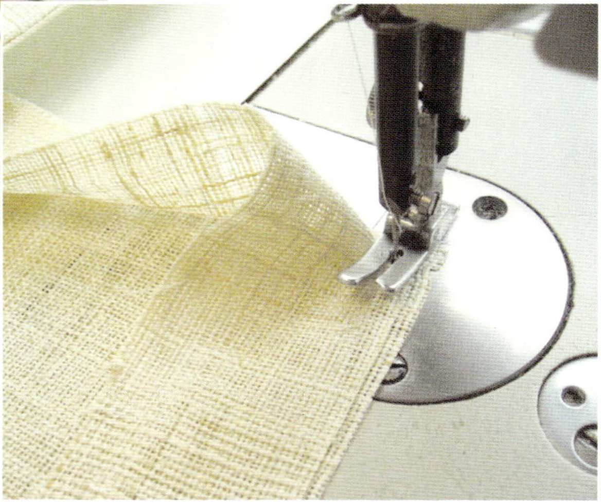

2. 한쪽 앞자락 부분을 박는다

3. 옆트임까지 선단을 붙여서 박는다

4. 선단을 앞쪽으로 꺾은 모습

5. 겉면으로 하여 선단을 박기 시작한다

6. 앞자락 모서리를 잘 박고 트임부분까지 선단을 박는다

7. 앞길 좌우의 선단을 완성한다

8. 앞뒤 선단을 붙인 모습

1. 소매 부리선부터 배래를 박기
   시작한다

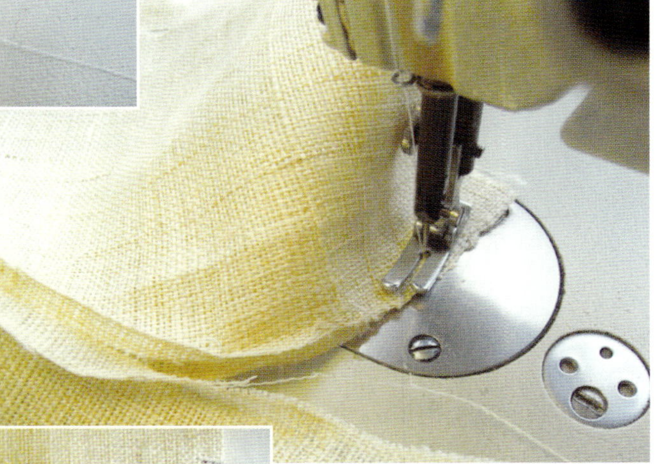

2. 진동까지 소매를 박는다

3. 부리부터 진동까지
   소매배래를 박은 모습

4. 진동부터 트임까지(선단이 있는 부분까지) 박는다

5. 배래와 옆선을 박아 뒤집은 겉모습

1. 왼쪽 깃을 박는다

2. 고대를 뒷판과 붙인다

3. 오른쪽 부분 깃을 연결하여 붙인다
   (원삼은 쌍깃으로 좌우 깃의
   모양이 같다)

4. 안쪽면의 깃을 박아
   깃을 완성한다

5. 쌍깃으로 깃을 붙인 모습

6. 원삼 대의 끝자락 마무리 모습

7. 원삼 대(끈)의 완성 모습

8. 완선된 수의 원삼의 모습

2. 저고리와 속저고리

여자 수의 저고리는 착의의 편의를 위해 고대, 진동, 부리, 품 등을 넉넉하게 하는 것이 좋으며, 저고리 길이는 실제 한복보다 많이 길어야 한다.
저고리보다 작고 깃을 없이 만든 수의 속저고리는 저고리 깃에 같이 붙여 만들고 있다.

(1) 본뜨기

수의 저고리는 일반 저고리보다 전반적으로 2 -5cm정도 크게 하고 단지 저고리 길이만 60cm 정도로 길게 하며, 실측치를 기준으로 한 참고치수는 다음과 같다.

수의 저고리 참고치수(cm)

구분 / 명칭	길이	화장	뒷품	진동	소매나비	깃길이			안섶나비		겉섶나비		깃나비	고름	
						속깃	고대	겉깃	위	아래	위	아래		길이	나비
대	60	90	75	29	30	37	22	30	5	6	10	13			
중	55	85	70	27	28	36	21	29	4.5	5.5	9.5	12.5	6-8	50-60	3-5
소	50	80	65	25	26	35	20	28	4	5	9	12			

(2) 옷감 필요량

수의 저고리는 겹으로 넉넉하게 만들고 속저고리는 길이와 소매 모두 짧게 홑겹으로 한다.

수의 저고리 옷감 필요량과 계산법

옷감의 나비(cm)	옷감 계산법	필요량(cm)
33-35	길이×4+소매나비×2)×2 깃길이+속저고리분+시접	800-900 (9-10마)
110-120	길이×2+소매나비×2+시접	200-220 (2-2.5마)

저고리 본뜨기

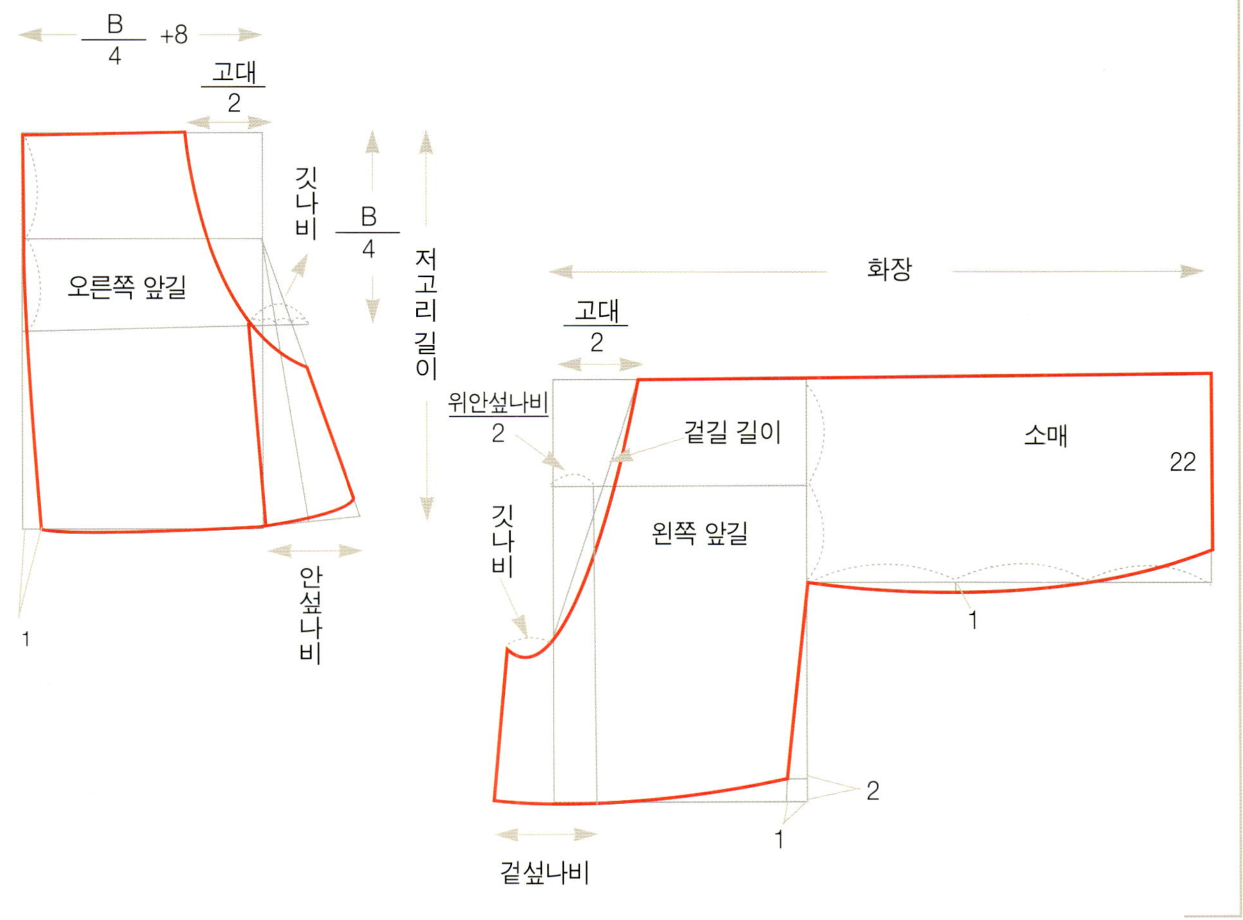

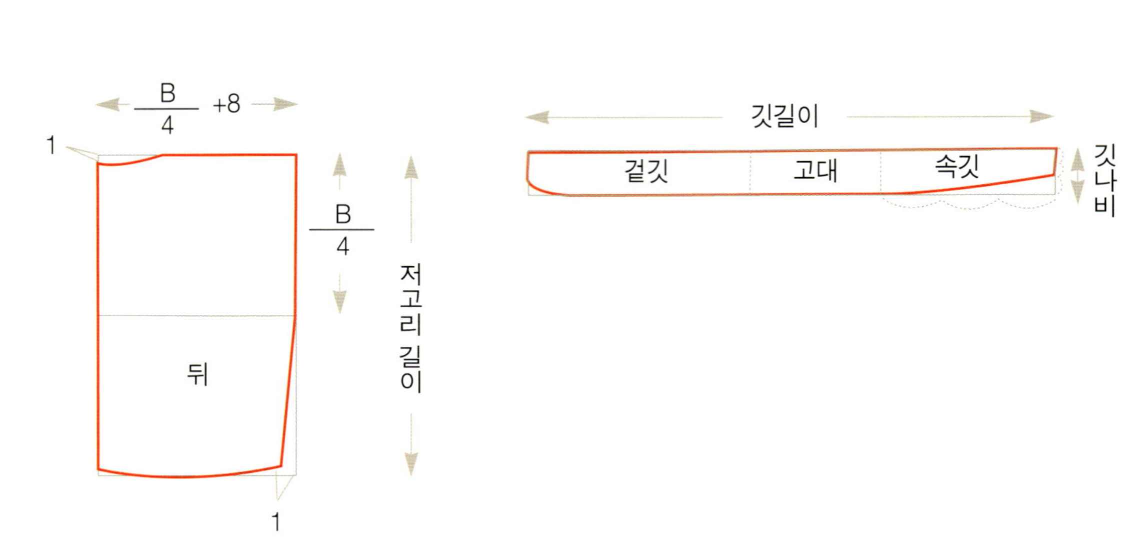

B
4
+8
1
B
4
뒤
저고리 길이
1
깃길이
겉깃
고대
속깃
깃나비

뒷품
4
- 1
1
저고리 길이 - 5
뒤
1
고대
2
진동 -1
앞
화장 - 15
부리
1
앞
2
1

속저고리 본뜨기

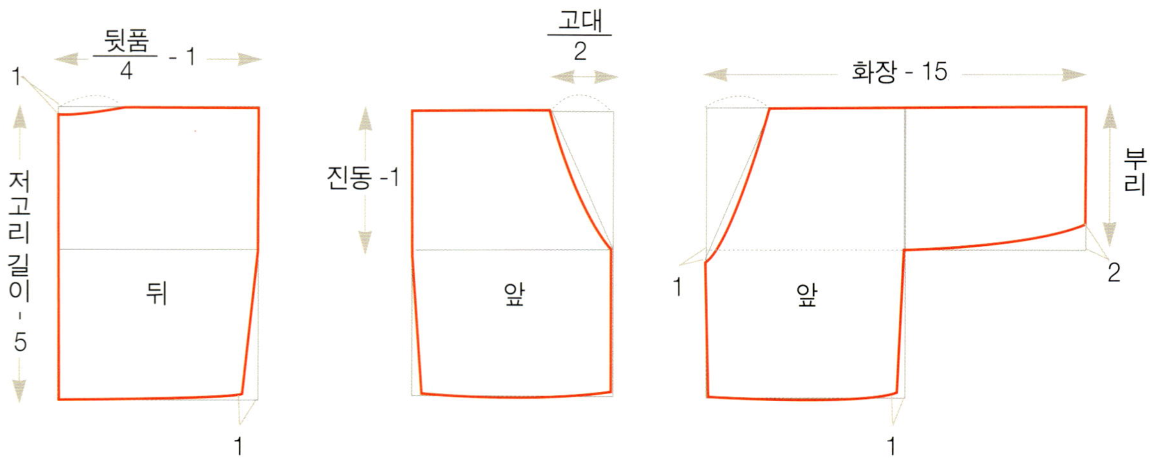

(3) 마름질

앞길과 뒷길을 붙여 마르고 앞 중심선과 고대 부분을 잘라 놓는다.

저고리 마름질

앞길+뒷길	앞길+뒷길	앞길+뒷길	앞길+뒷길
소매나비×2	소매나비×2	깃길이	
		겉섶	안섶
속저고리길이×2	소매		

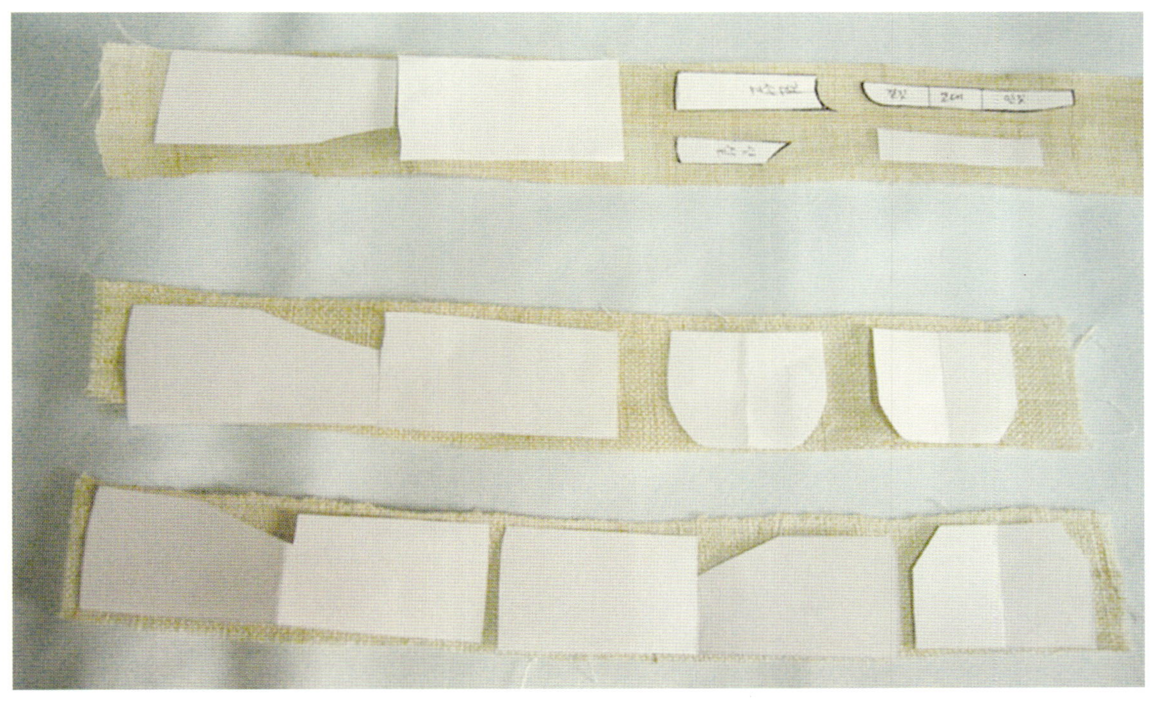

저고리와 속저고리 본 배치

(4) 바느질

1. 고대가 있는 등쪽 솔기를 박는다
   (솔기는 입어서 오른쪽으로 꺾는다)

2. 등솔을 붙인 모습

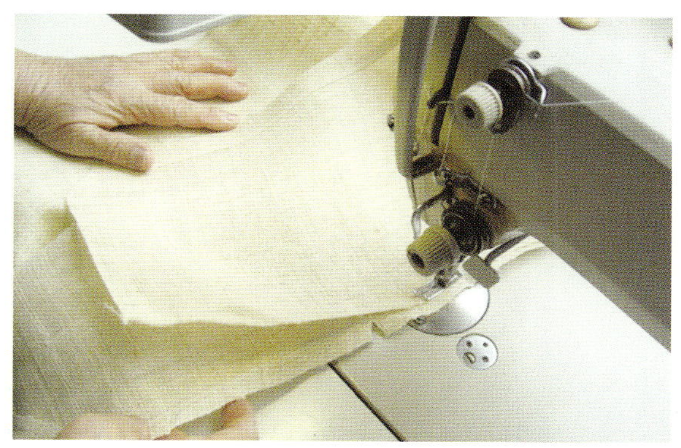

1. 소매 폭을 이은 후 진동과 소매를 연결한다

2. 솔기는 가른다

3. 한쪽을 마저 붙인다

4. 양쪽 소매를 연결한 모습

1. 안섶만큼 길쪽으로 들여서 섶선을 긋고 박는다

2. 앞도련까지 겉섶을 박는다(시접은 섶쪽)

3. 겉섶을 붙인 모습

1. 길쪽에 붙여 안섶을 단다

2.도련까지 박아 붙인다(시접은 길쪽)

3.안섶을 붙인 모습

3.겉섶과 안섶을 붙인 모습

1. 똑같이 만들어진 안감을 겉면이 마주
   보도록 겹쳐놓고 앞뒤 도련과 함께
   부리를 박는다

2. 부리를 겉감 쪽으로 밀어 넣어
   고대를 중심으로 반으로 꺾어
   접는다

3. 겉감 안쪽과 안감 앞쪽이 마주보도록 접어진 모습

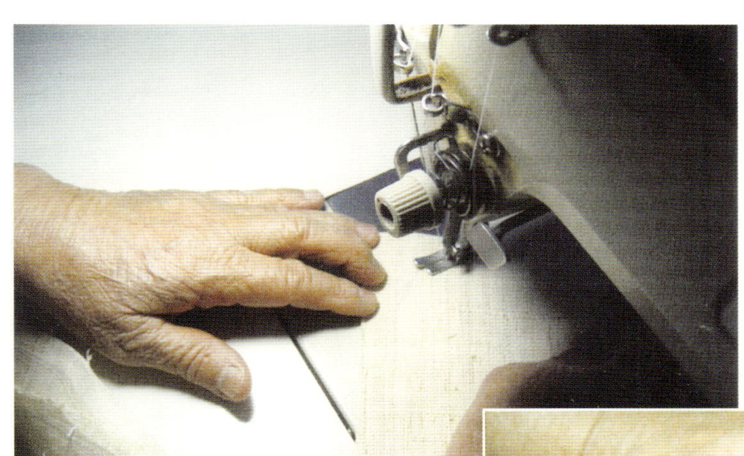

1. 부리부터 4겹으로 된 소매를
   박기 시작한다

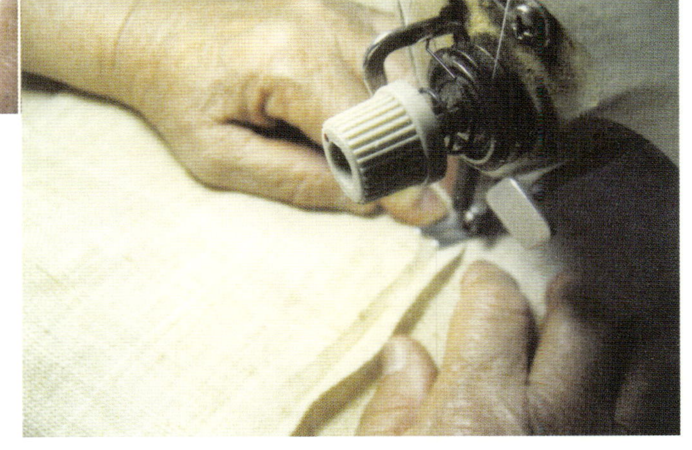

2. 진동선까지 박는다

3. 진동부터 옆선을 박기 시작한다

4.부리부터 시작하여 배래를 박고
옆선까지 박은 모습

5. 저고리를 뒤집는다

6.뒤집은 모습

1. 등솔을 박아 연결한다

2. 소매단을 박는다
(홑겹이기 때문에)

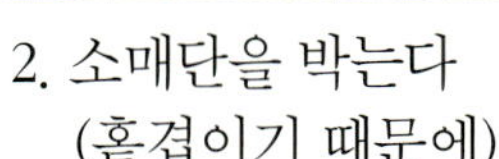

3. 소매 양쪽을 다 만든다

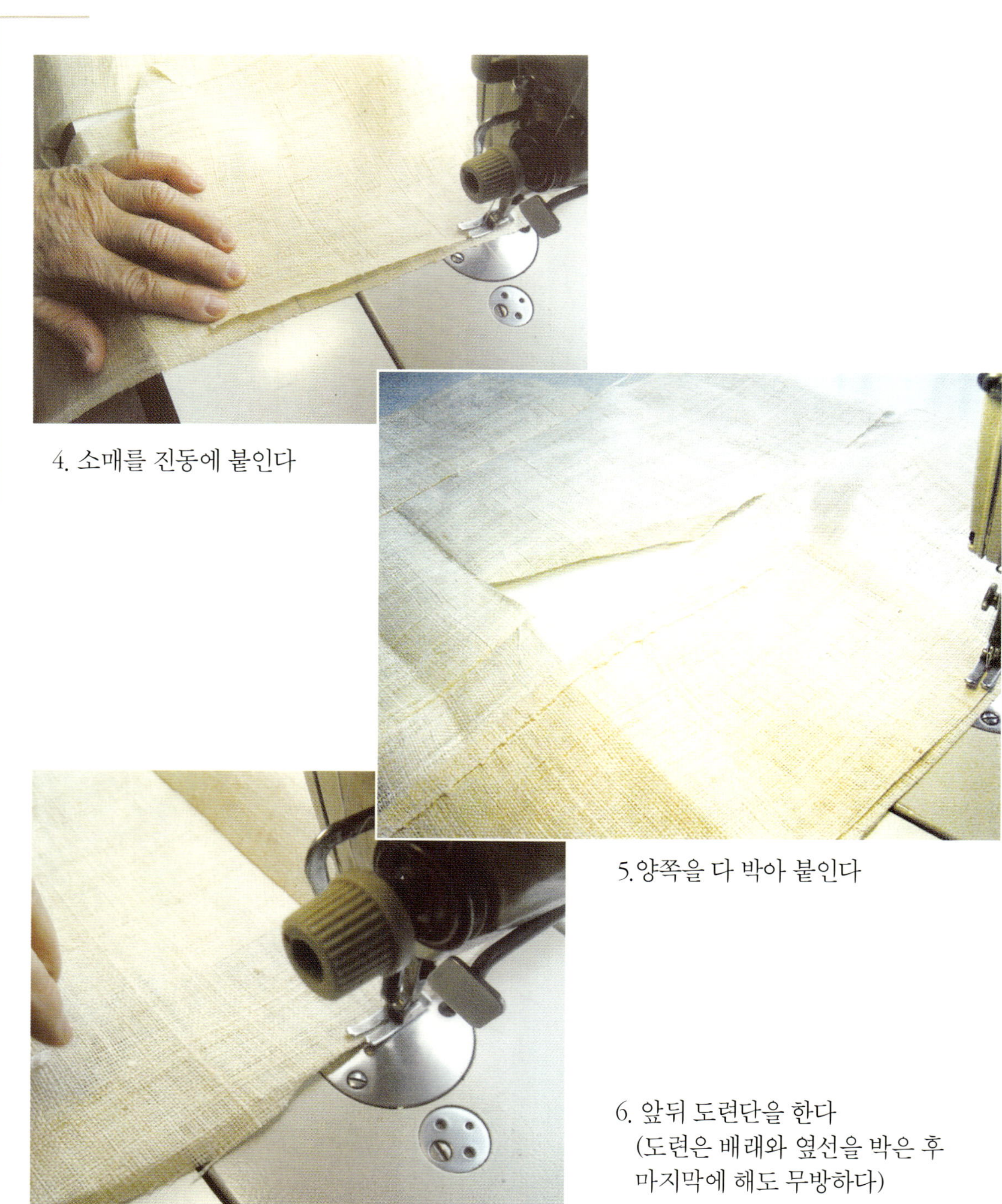

4. 소매를 진동에 붙인다

5. 양쪽을 다 박아 붙인다

6. 앞뒤 도련단을 한다
   (도련은 배래와 옆선을 박은 후
   마지막에 해도 무방하다)

7. 배래와 함께 옆선을 박는다(옆선을 한 후 도련단을 할 수도 있다)

8. 완성된 속저고리 모습

1. 속저고리와 저고리의
   겉깃부분을 시침박음한다

2. 고대부분을 붙인다

3. 안깃 부분까지 박아서 붙인다

1. 겉깃을 곱게 둥글려서 박는다
   (안감, 겉감, 속저고리의 3겹
   위에 박히게 된다)

2. 고대부분을 박는다

3. 안깃 부분을 박는다

4. 깃을 접어서 속에서 시침한다

5. 겉에서 속에 시침한 부분을 박는다
(속에서 박기도 한다)

6. 깃을 완성한 모습

1. 고름을 만든다

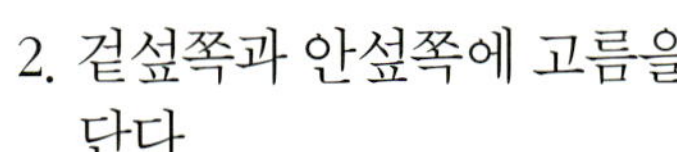

2. 겉섶쪽과 안섶쪽에 고름을
단다

3. 완성된 수의 모습

3. 치마와 속치마

치마는 허리말기와 폭, 끈으로 이루어져 있으며, 수의 치마는 실제 치마의 조끼허리가 아닌 주로
말기허리로 이루어져 있다. 치마와 속치마, 속바지 혹은 속곳 등으로 제작한다.

수의 치마는 홑겹으로 만들고 본서에서는 속치마를 치마허리 말기에 붙여서 만들기로 한다.

(1) 본뜨기

본뜨기에 필요한 치수는 가슴둘레와 치마길이이며, 속치마는 치마보다 5-10cm 짧게 하고 치마와
같은 허리에 붙인다.
실측치를 기준으로 참고치수를 제시하면 다음과 같다.

수의 치마의 참고치수(cm)

명칭 \ 구분	대	중	소
치마길이	140	130	120
허리	120	115	110
허리나비	15-18		
끈길이	60-65		
끈나비	2-3		

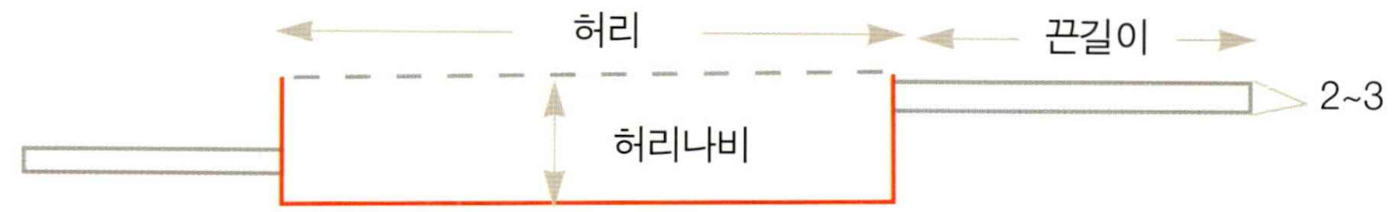

(2) 옷감 필요량

수의 치마와 속치마 만드는데 필요한 옷감의 계산법과 필요량은 다음과 같다.

수의 치마 옷감의 계산법과 필요량

옷감의 나비(cm)	옷감 계산법	필요량(cm)
33-35	(치마길이×5)×2(속치마분) +허리길이+시접	1300-1400 (15-16마)
110-120	(치마길이×3)×2(속치마분)+시접	550-650 (6-7마)

(3) 마름질

치마 마름질은 본없이 길이대로 자르기만 한다.

치마 마름질

치마길이	치마길이	치마길이
치마길이	치마길이	끈 허리

(4) 바느질

1. 치마폭을 박아 연결한다

2. 5폭을 다 연결한다

3. 아랫단과 옆단을 박는다

4. 단 모서리 하기

5. 속치마도 5폭을 연결하여 단을
   박아서 처리한 모습

1. 겉치마와 속치마의 속끼리 마주보도록
   하여 겹쳐 놓는다

2. 주름을 잡아 시침한다

3. 주름 위로 시침박음질을 한다

1. 끈을 만든다

2. 속에 끈을 넣어서 박은 다음 뒤집는다

3. 오른쪽은 끈을 올려서 단다

4. 다른 한쪽 끈은 내려서 단다

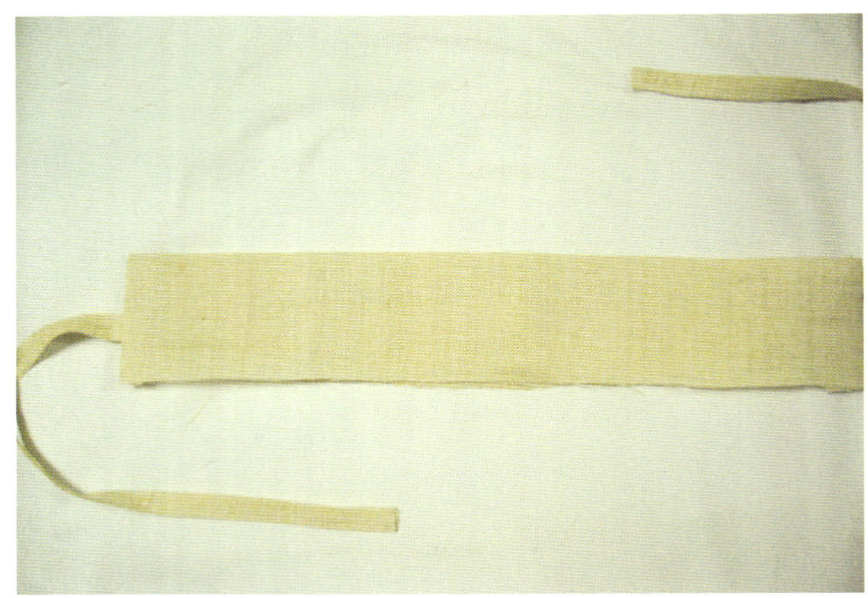

5. 말기에 끈이 달린 모습

1. 말기 겉면과 치마 겉면을
   마주보도록 놓고 박은 다음
   위쪽으로 꺾는다

2. 박음선이 드러나지 않도록
   말기 안쪽을 박는다

3. 안쪽을 시침하고 겉면으로
   박기도 한다

4. 완성된 수의 치마

4. 속바지와 속속곳

 수의 여자 속바지는 뒤가 트여 있기 때문에 허리 아귀와 끈이 뒤에 있으며, 속속곳이 한 허리에 붙어 있는 형태가 많다. 본서에서는 속속곳은 간단한 짧은 반바지 형태로 제작하여 속바지 허리에 붙여 만들었다. 기존의 속바지보다는 많이 간편한 형태라 할 수 있다.

(1) 본뜨기

 필요한 치수는 허리둘레와 속바지길이이며, 실측치를 기준으로 참고치수를 제시하면 다음과 같다.

수의 바지의 참고치수(cm)

명칭 \ 구분	대	중	소
속바지길이	95	90	85
속속곳길이	55	50	45
허리	130	125	120
허리나비	15-18		
끈길이	45-55		
끈나비	2-3		
부리	26-28		
밑위	40-42		

속바지 본뜨기

속바지

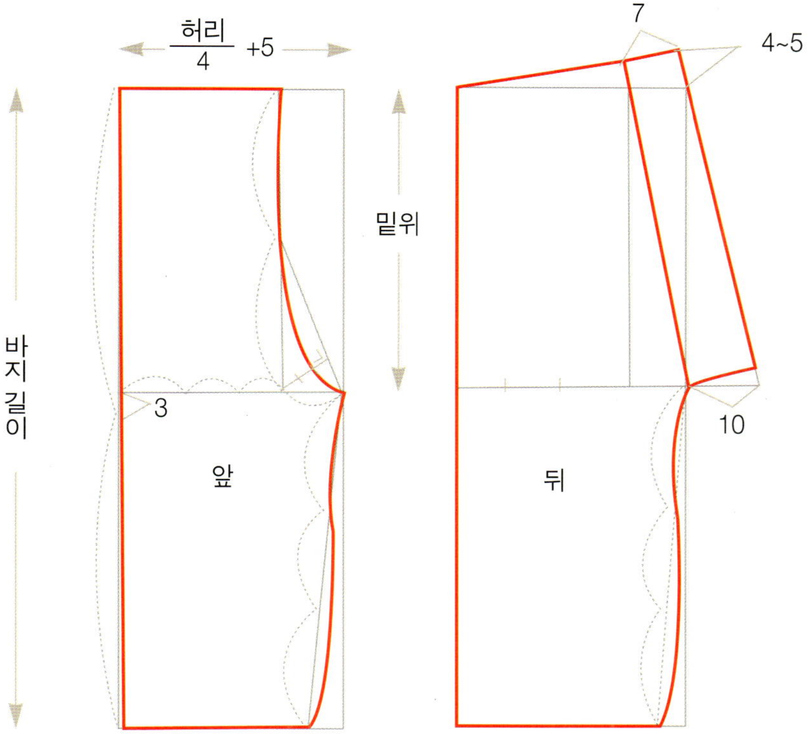

속속곳

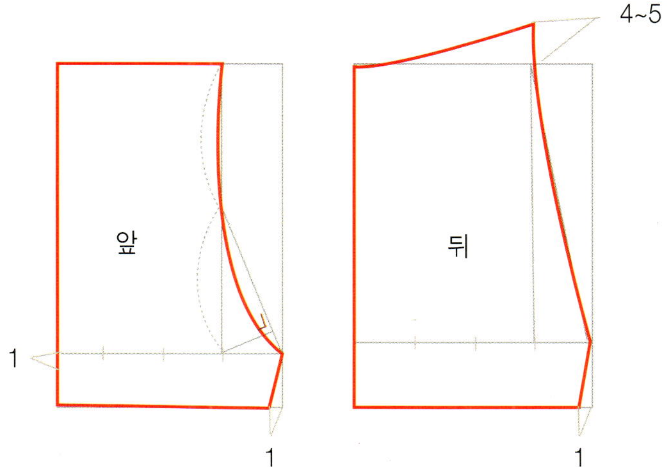

(2) 옷감 필요량

수의 속바지는 겹으로 만들고 속속곳은 홑으로 만들며, 필요한 옷감의 계산법과 필요량은 다음과 같다.

수의 바지 옷감의 계산법과 필요량

옷감의 나비(cm)	옷감 계산법	필요량(cm)
33-35	속바지길이×4+허리길이 +속속곳길이×2+시접	900-1000 (10-11마)
110-120	(치마길이×2)×2+시접	350-450 (4-5마)

(3) 마름질

속바지와 속속곳을 함께 마르기로 한다.

속바지 마름질

속바지길이×2	속바지길이×2	허리길이

속속곳길이×2	끈
	허리

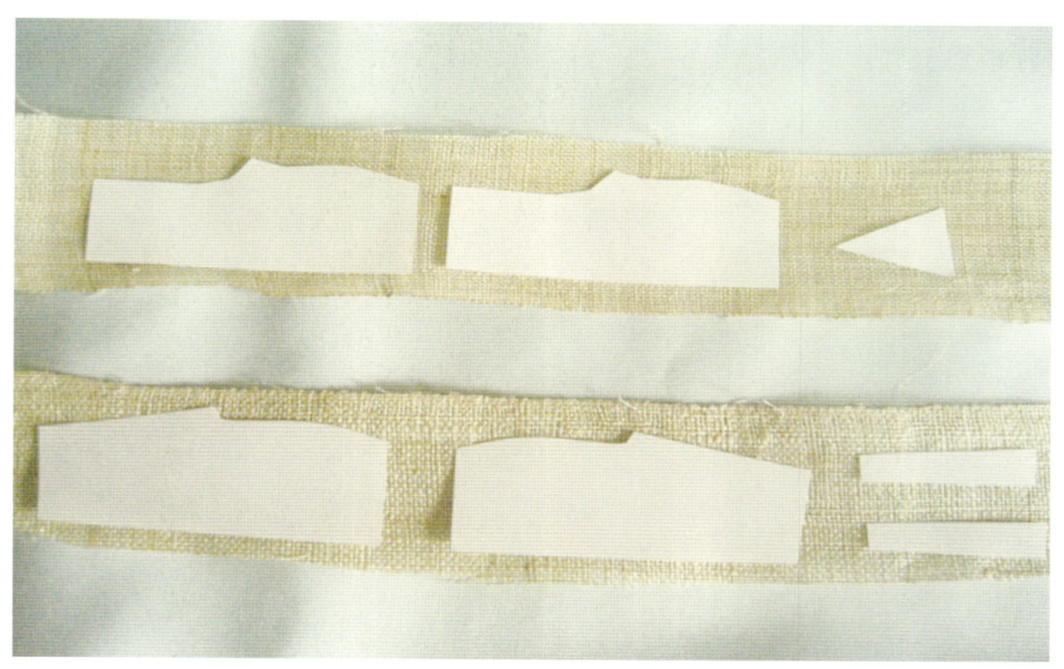

1. 속바지 본 배치

2. 속속곳 본 배치

(4) 바느질

1. 마름질된 속바지. 폭이 좁거나
   바지통이 넓을 경우 옆마루
   부분에 옆을 잇기도 한다

2. 앞쪽에 밑을 박는다

3. 양쪽 밑 옆부분을 다 박는다

4. 밑 아래 부분은 트여있고 사선부분은
   박히게 되며, 양쪽면 밑이 만나는
   부분부터 박히게 된다

5. 허리에서 밑이 붙은 부분까지 박는다

6. 밑을 단 모습

7. 밑과 옆을 붙인 모습

1. 한쪽 트임을 겉면사이에
끼워넣어 박는다

2. 다른 한쪽도 같은 방법으로 박는다

3. 밑과 뒤가 붙여진 상태로 바지 모양으로
접어진 상태. 엉덩이 솔기 부분에 뒤가
붙은 모습

1. 앞뒷면의 겉끼리 마주보도록
   놓고 부리를 박는다

2. 부리를 반으로 꺾어 접어서
   앞뒤를 마주 보도록 한다

3. 바지 모양으로 접어진 모습

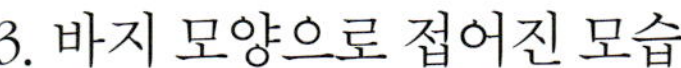

4. 부리는 박혀있고 앞과 겉이
마주하고 있는 모습

5. 뒤트임이 있는 부분의 접혀진 모습

6. 허리부분에서 본 모습

1. 박아야 할 배래 4겹

2. 밑 부분은 앞 밑 2장 뒤 양 옆 2장씩 모두 6겹
   이 겹쳐져서 박히게 된다(앞면, 뒷트임, 뒷트
   임 앞면의 순으로 겹쳐있어 앞뒤 모습은 같다)

3. 배래를 부리부터 박기 시작하여
   밑 아래 6겹을 박고 다른쪽 부리
   까지 박는다.

4. 배래를 박아 뒤집은 앞모습

5. 배래를 박아 뒤집은 뒷트임 모습

1. 마름질된 모습

2. 옆선을 연결하고 아랫단을 박는다

3. 사선으로 된 부분인 배래를 박는다

4. 양쪽 배래를 따로 박은
모습

5. 앞쪽 솔기만을 박는다

6. 배래와 만나는 부분까지 앞솔기
를 박은 모습. 뒤는 트여 있다

7. 뒤트임 부분 단처리를 한다

8. 뒤트임을 한 모습

9. 완성된 속속곳

1. 바지 허리길이에 맞도록 주름을 잡아 시침한다

2. 속속곳을 바지 속에 넣어서
   시침한다

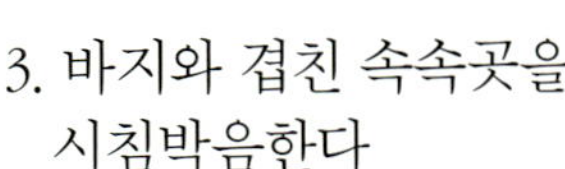

3. 바지와 겹친 속속곳을
   시침박음한다

1. 끈을 말기 옆 속에 넣어서 박아
   뒤집는다

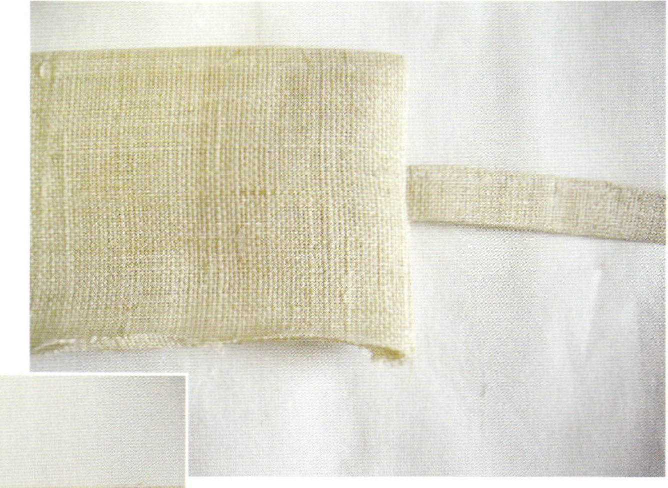

2. 끈을 붙여 박아 뒤집은 모습

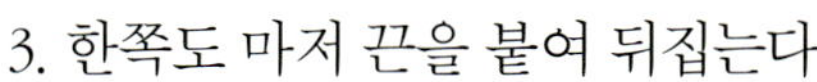

3. 한쪽도 마저 끈을 붙여 뒤집는다

1. 뒤트임부터 허리말기를 붙여 박는다

2. 다른 한쪽 트임이 있는 부분까지
   박는다

3. 말기 속으로 붙인 모습으로 꺾어서
   바깥으로 하여 다시 박아야 한다

4. 허리를 꺾어서 박음질 자국이
   겉으로 나타나지 않도록 박는다

5. 속을 시침하고 겉에서 박음질을
   하여 허리를 붙이기도 한다

6. 뒷트임 부분에서 허리 박음이
   끝난다

7. 완성된 뒷모습

8. 완성된 앞모습

 버선은 한복 버선과 같으며 크기를 넉넉하게 하는 것은 물론 착의의 편의를 위해 회목도 넓고 뒤꿈치의 곡선도 너무 각이 생기지 않도록 한다.

(1) 본뜨기

 버선 본뜨기에 필요한 치수는 발길이와 버선길이이며, 수의 버선의 참고 치수는 다음과 같다.

수의 버선의 참고치수(cm)

크기 명칭	대	중	소
발길이	30	29	28
버선길이	42	40	38

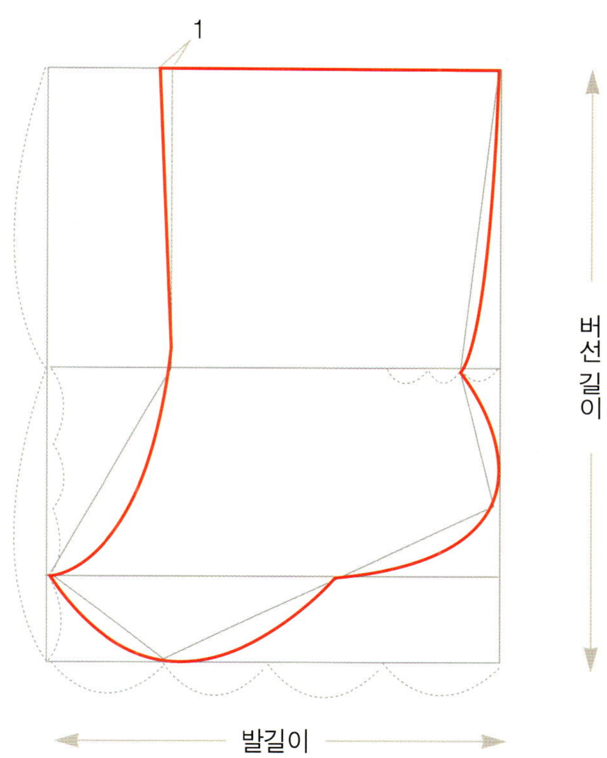

(2) 옷감 필요량

버선 만드는데 필요한 옷감의 계산법과 필요량은 다음과 같다.

수의 버선의 옷감 계산법과 필요량

옷감의 나비(cm)	옷감 계산법	필요량(cm)
33-35	(버선길이×4+시접분)×2	300(3.5마)
110-120	버선길이+시접	50(0.5마)

(3) 마름질

　안감과 겉감이 같을 경우 버선목을 붙이거나, 발 한쪽에 4장씩 마르면 간편하게 양쪽을 겹으로 만들 수 있다.

버선 마름질

버선길이×2	버선길이×2	버선길이×2	버선길이×2

(4) 바느질

1. 버선 본 배치

2. 겹으로 마를 경우

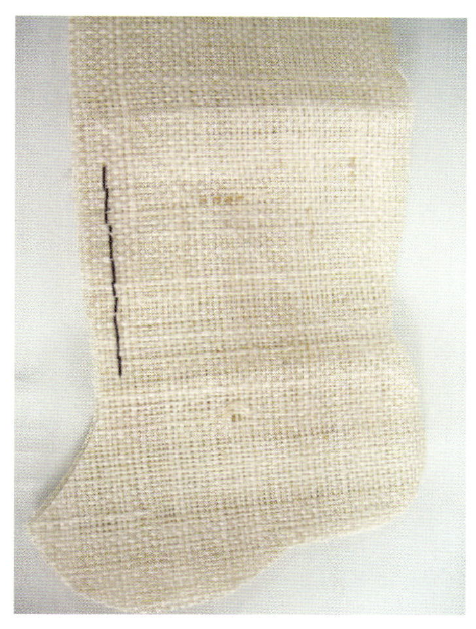

1. 두겹으로 하여 한쪽면만 창구멍을 박는다

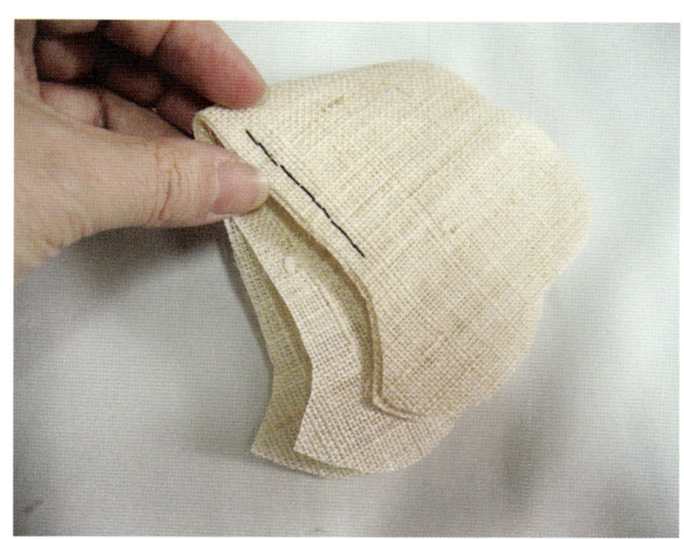

2. 창구멍을 한 모습

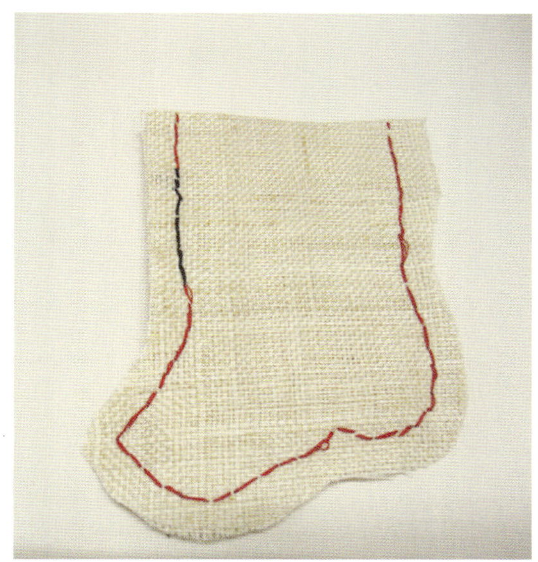

3. 창구멍을 제외한 나머지 부분을 박는다

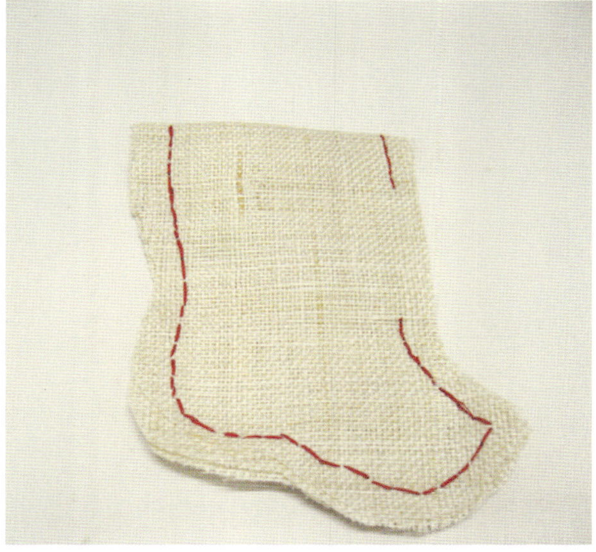

4. 뒷모습으로 창구멍을 제외하고 박혀져 있다

5. 창구멍으로 뒤집고 창구멍을 막는다

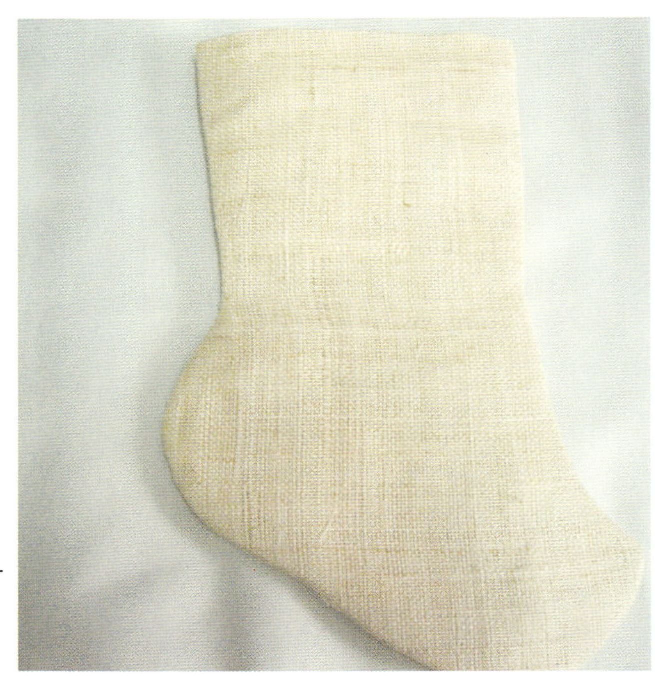

6. 다시 뒤집어서 완성한 모습
  똑같이 한쪽을 더 만들어 쌍으로 한다
  이 때 수눅을 반대로 하여 만들어야
  한다

6. 습신

습신은 버선보다 1cm정도 크게 만들며, 바닥이 있는 덧버선처럼 만들기도 하지만 본서에서는 바닥없이 목 없는 버선처럼 만들고 착의의 편의를 위해 뒤에 끈을 달기로 한다.

(1) 본뜨기

습신 본뜨기에 필요한 치수는 발길이이며, 습신의 참고치수는 다음과 같다.

습신의 참고치수(cm)

명칭 \ 구분	대	중	소
발 길이	31	30	29

습신 본뜨기

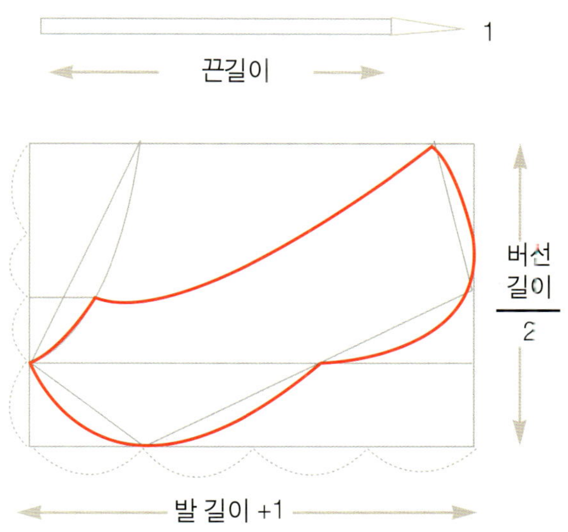

(2) 옷감 필요량

겹으로 만들며, 습신 만드는데 필요한 옷감의 계산법과 필요량은 다음과 같다.

수의 습신의 옷감 계산법과 필요량

옷감의 나비(cm)	옷감 계산법	필요량
33-35	길이×2+시접분	60(0.5마정도)

(3) 마름질

습신 마름질

발길이	발길이

(4) 바느질

1. 습신의 본 배치 방향

2. 목을 붙인다

3. 목을 붙인 모습

4. 목 붙인 두 장을 겉면이
   마주 보도록 한 뒤 창구멍
   을 박는다. 그리고 목을
   중심으로 반으로 접는다

5. 창구멍 부분을 박은 후 반으로
   접은 모습

6. 창구멍을 제외한 나머지 부분을
   박은 모습

7. 뒷모습으로 창구멍만 남기고 박힌 모습

8. 창구멍으로 뒤집는다

9. 뒤집은 후 창구멍을 막는다

10. 다시 뒤집은 다음의 속 모습

11. 뒤집어서 완성된 겉모습

12. 뒷꿈치에 끈을 박아 단다

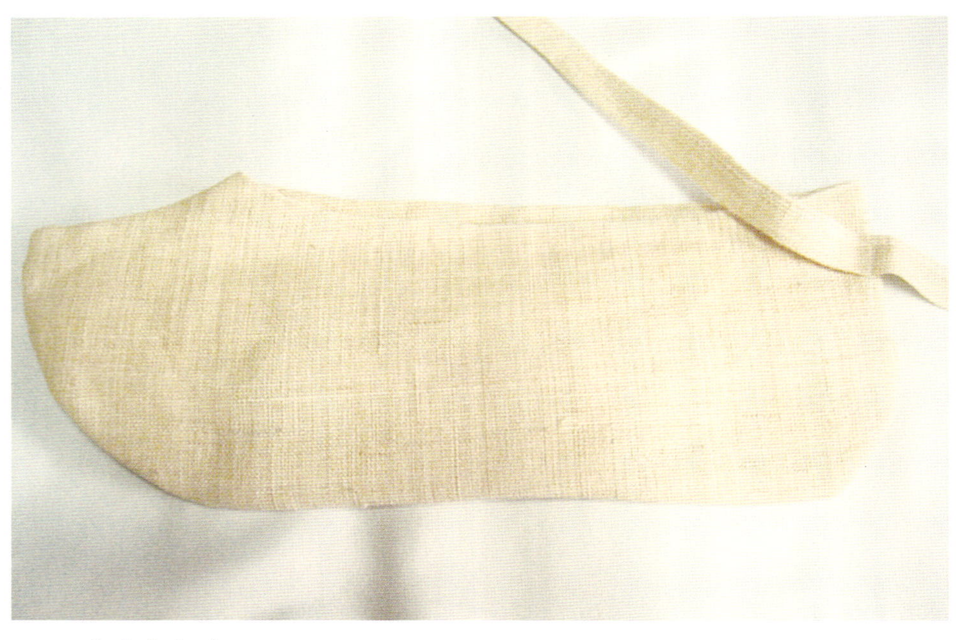

13. 완성된 습신

7. 악수

　전통적인 악수의 형태는 누운 아(亞)자 모양을 하고 있어 착의 시 손가락 고정이 목적이지만 현재 사용되고 있는 악수는 착의 시 손의 말초적인 부분을 감싸게 되어 있는 엄지없는 벙어리 장갑 모양이 주를 이루기 때문에 본서에서도 주머니 모양의 악수를 만들고자 한다.

(1) 본뜨기

　악수 본뜨기에 필요한 치수는 손목에서부터 손끝까지의 손길이와 손넓이가 필요하지만 일반적으로 넉넉하게 한 가지 크기로 제작되어지고 있으며 악수의 참고치수는 다음과 같다.

악수의 참고치수(cm)

손길이	25-30
손넓이	18-20

악수 본뜨기

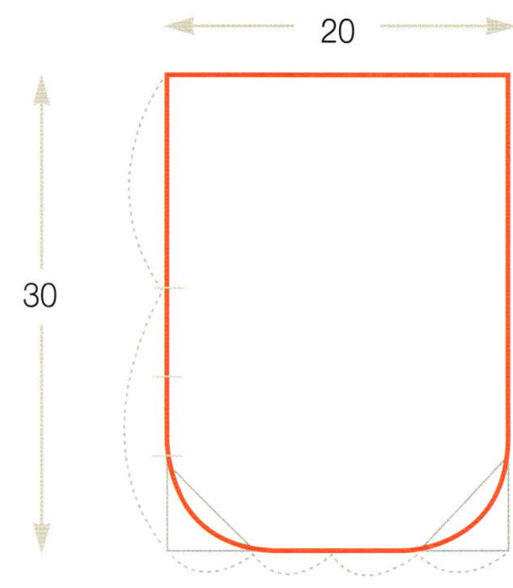

(2) 옷감 필요량

악수는 반드시 겹으로 만들며, 필요한 옷감의 계산법과 필요량은 다음과 같다.

악수의 옷감 계산법과 필요량

옷감의 나비(cm)	옷감 계산법	필요량
33-35	길이×4+시접분	160-180(2마정도)

(3) 마름질

악수 마름질

길이	길이	길이	길이

(4) 바느질

악수 본 배치

1. 마름질된 악수

2. 두 장을 겹쳐서 펼친다
   목부분을 연결할 경우 가운데
   이음부분이 있게 된다

3. 한쪽면에 창구멍을 박는다

 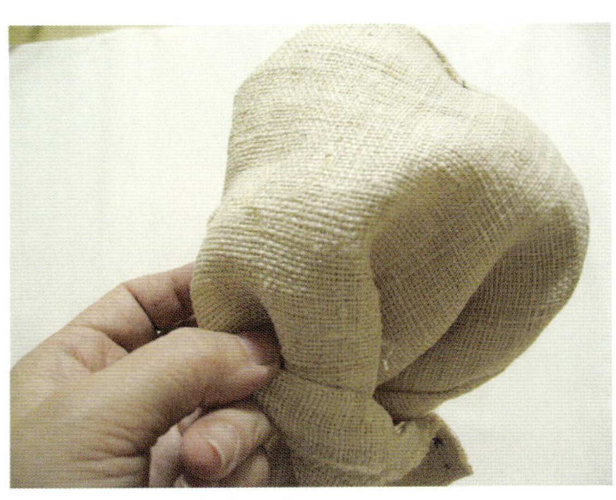

4. 반으로 접어서 창구멍을 제외하고 박음질
   한다

5. 창구멍을 뒤집는다

6. 창구멍을 막는다

7. 다시 뒤집은 다음의 모습

9. 똑같이 한 장을 더 만들어 쌍으로 완성한다. 완성된 모습

8. 오낭

오낭은 양쪽 손톱, 양쪽 발톱, 머리카락을 넣는 다섯 개의 주머니를 말한다. 여러 가지 주머니 모양으로 만들 수 있지만 본서에서 가장 일반적인 작은 주머니 모양으로 만들고자 한다.

(1) 본뜨기

본을 뜰 필요도 없이 작고 간단하지만 참고치수는 다음과 같다.

오낭의 참고치수(cm)

가로	세로
8-10	5-6

오낭 본뜨기

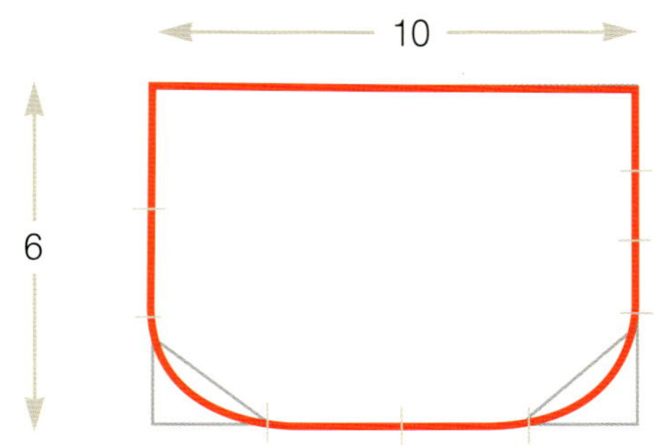

(2) 옷감 필요량과 마름질

오낭은 수의를 만들면서 남는 자투리 감으로도 충분히 만들 수 있기 때문에 별도의 옷감 필요량과
마름질 법을 두지 않기로 한다.

오낭 본 배치. 5장을 만든다

(3) 바느질

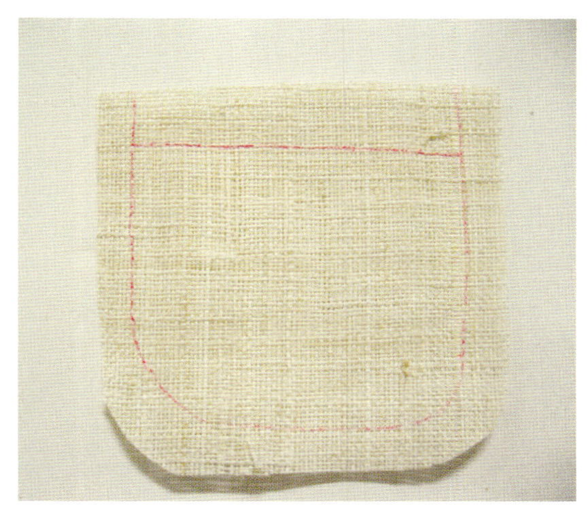

1. 윗단을 박음질 한다

2. 삼면을 박는다

3. 뒤집어 마무리 한다
   똑같이 5장을 만든다

9. 여모

여모는 여자 머리에 쓰는 두의로서 복건과 마찬가지로 한 폭으로 만들고, 여자 모자이기 때문에 약간의 장식과 모양을 내며 겹으로 만들기도 하지만 명목을 얼굴에 씌우기 때문에 홑겹으로 하기도 하며, 수의 마지막에 입히는 품목이다.

(1) 본뜨기

여모 본뜨기에 필요한 치수는 머리에서부터 목까지의 길이가 필요하지만 일반적으로 넉넉하게 한 가지 크기로 제작되어지고 있으며 여모의 참고 치수는 다음과 같다.

여모의 참고치수(cm)

길이	끈길이	장식나비	끈나비
50-55	35-40	2-3	2-3

여모 본뜨기

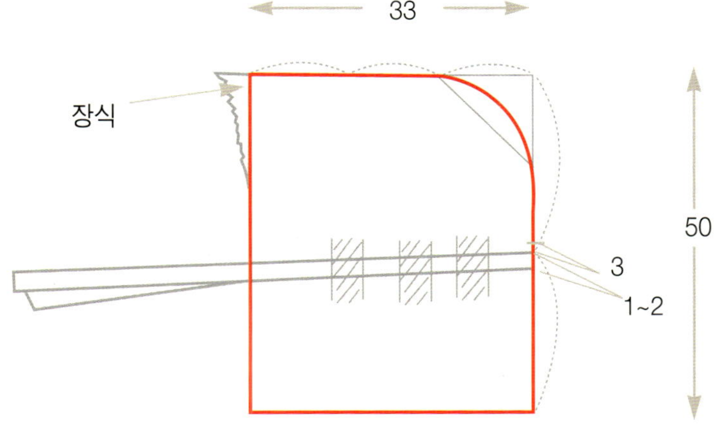

(2) 옷감 필요량

한 폭으로 만들며, 필요한 옷감의 계산법과 필요량은 다음과 같다.

여모의 옷감 계산법과 필요량

옷감의 나비(cm)	옷감 계산법	필요량
33-35	길이×4+시접분	200-250(2-3마)

(3) 마름질

여모 마름질

여모길이	여모길이	여모길이	여모길이

여모 본 배치

(4) 바느질

홑겹일 경우

1. 마름질한 여모

2. 주름장식을 만들어 시침한다

3. 주름을 박는다

4. 얼굴부분에 주름을 붙인다

5. 주름을 붙인 모습

6. 뒷통수 부분과 머리 곡선 부분을
박는다

7. 곡선진 뒷머리 윗 부분의 모습

8. 아랫단과 옆단을 박는다

9. 뒤와 얼굴 옆. 단을 박은 모습

10. 주름을 잡아 시침박음을 한다

11. 끈을 만들어 주름과 같이
박는다

12. 끈을 붙여 완성한 모습

13. 다른 방법으로 뒷트임을 주고 끈을 뒤에 다는 방법도 있다

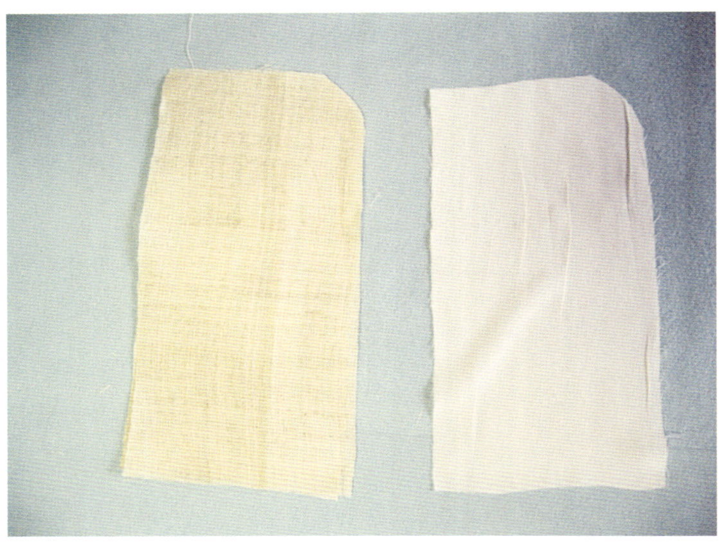

1. 겹으로 할 경우 너무 두꺼워
   지지 않도록 안감을 부드럽고
   얇은 감으로 하는 것이 좋다

2. 주름장식을 시침하여 박아 만든다

3. 얼굴부분 양면과 뒷트임 부분을
   안과 겉감을 박는다

4. 밑단을 박은 다음 뒤집는다

5. 반으로 접어 곡선부분과 뒷통수를
   박아 막는다

6. 뒤집은 모습

7. 주름을 잡고 시침 박음질 한다

8. 끈을 주름과 함께 박아서 단다

9. 겹으로 완성된 모습

10. 다른 모습의 여모

11. 수의 족두리라는 명칭으로 만들어진 품목.
여모를 씌우기 전에 채우기도 한다

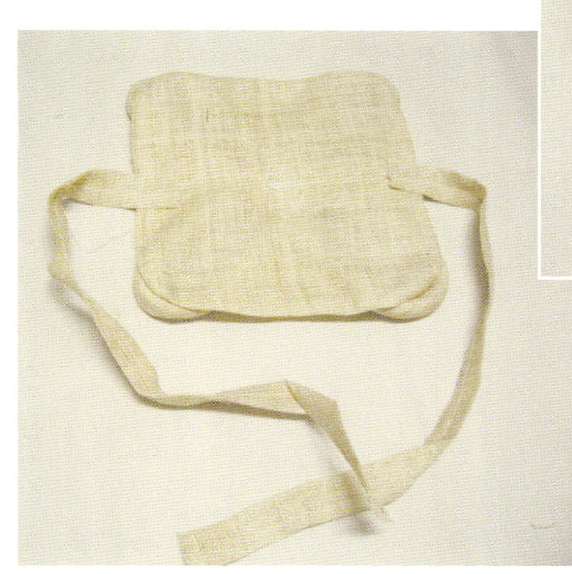

12. 안의 모습

10. 명목

　전통적인 명목은 눈과 얼굴을 가리는 작은 크기였으나 요사이는 얼굴과 머리 전체를 덮는 크기의 얼굴싸개라 함이 마땅한 것이 사용되어지기 때문에 본서에서도 보자기 모양의 얼굴싸개를 만들기로 한다.

(1) 본뜨기

　얼굴과 머리 전체를 감쌀 수 있을 정도의 보자기 크기로 치수는 다음과 같다.

명목의 참고치수(cm)

가로	세로	끈길이
65-70	65-70	110-120

명목 본뜨기

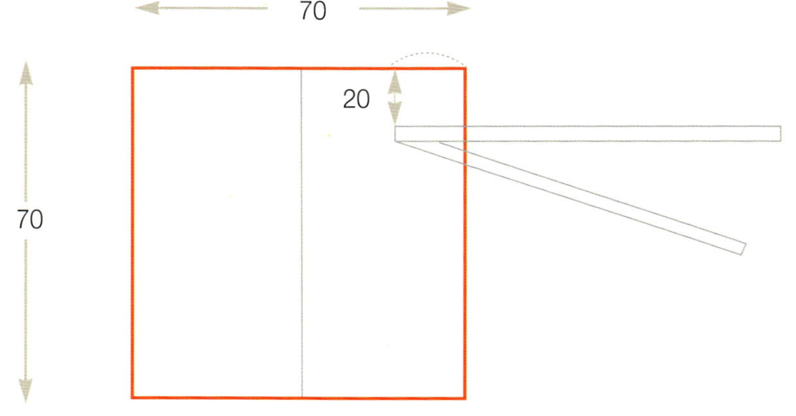

(2) 옷감 필요량

두 폭으로 이은 보자기모양으로, 필요한 옷감의 계산법과 필요량은 다음과 같다.

명목의 옷감 계산법과 필요량

옷감의 나비(cm)	옷감 계산법	필요량
33-35	가로+세로+시접분	100(1마 정도)

(3) 마름질

명목 마름질

가로 길이	가로 길이

명목 본 배치

(4) 바느질

1. 두 장을 연결하여 보자기
   모양을 만든다

2. 옆 단을 박는다(식서인 경우는
   생략도 가능함)

3. 윗단을 박는다

4. 아랫단을 박는다

5. 끈을 단다

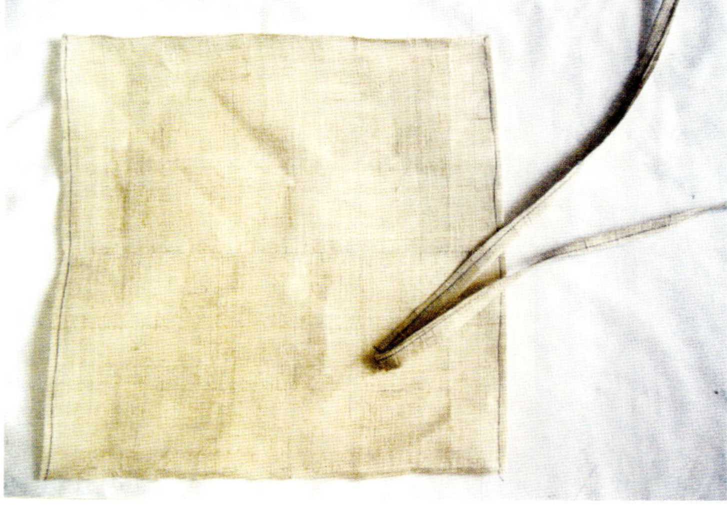

6. 완성된 모습

11. 천금, 지요, 베개

천금이란 수의 이불로서 관속에 들어가는 크기의 형식적인 이불을 의미한다. 세 폭의 구조를 가지기 때문에 한 폭에 양 옆을 붙이는 형태 혹은 반폭을 세 쪽 붙이는 형태 등 다양하게 만들 수 있다.

지요는 관 속에 까는 요로서 천금보다 약간 작게 겹으로 만든다.

베개는 머리를 받치는 용도라기보다는 형식적인 요소의 품목이라고 할 수 있고, 네모 모양의 주머니에 수의를 만들고 난 자투리를 넣어 만든다.

(1) 본뜨기

관속에서 덮는 이불이기 때문에 대렴할 때의 대렴금이나 소렴할 때의 소렴금보다 크기가 작고 겹으로 만들며, 실측치수를 기준으로 한 참고치수는 다음과 같다.

천금 · 지요 · 베개의 참고치수(cm)

명칭 \ 구분	가로	세로
천금	65	180
지요	50	170
베개	30	15
베개싸개	28	30

천금 · 지요 · 베개 본뜨기

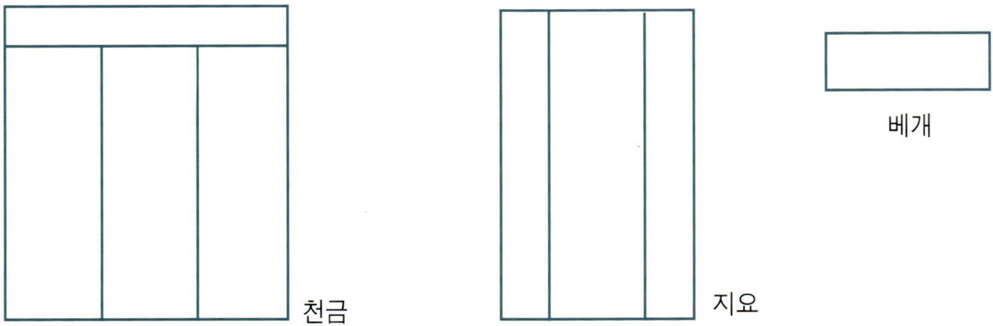

(2) 옷감 필요량

　베개는 남는 자투리 감으로 만들고 자투리를 속으로 넣기 때문에 특별히 옷감이 필요치 않다고 할 수 있으며, 천금과 지요는 겹으로 만들기 때문에 필요한 옷감의 계산법과 필요량은 다음과 같다.

옷감 계산법과 필요량

옷감의 나비(cm)	옷감 계산법	필요량
33-35	이불길이×4 +요길이×3+시접분	1400(15마 정도)

(3) 마름질

천금, 지요 마름질

이불길이	이불길이	이불길이	이불길이
			이불길이

요길이	요길이	요길이	베개 및 싸개
		요길이	

(4) 바느질

천금 : 앞판 만들기

1. 한쪽면을 연결한다

2. 한쪽을 더 붙여 세 쪽 폭으로 만든다

3. 머리부분을 박아 연결한다

4. 가로로 머리를 박은 모습

5. 완성된 앞면의 모습

1. 두쪽 폭을 박는다

2. 뒷면의 두 폭이 붙은 모습

3. 천금의 앞면과 뒷면의 모습

1. 창구멍을 남기고 겉면끼리
마주보도록 하여 박는다

2. 박은 모습

3. 뒤집어 창구멍을 박고 완성한 모습

1. 큰 폭과 좁은 폭을 연결한다

2. 이어서 큰 폭을 연결한다

3. 큰 폭, 작은 폭, 큰 폭, 작은 폭으로
   연결된 모습

4. 지요모양으로 접어서 창구멍을
   남기고 박는다

5. 뒤집은 모습

5. 창구멍을 막아 완성한 지요의 모습

7. 완성된 천금과 지요

1. 베개를 네모나게 박아서 만든다
   (주름장식을 가장자리에 달기도
   한다)

2. 자투리 감으로 속을 채우고
   창구멍을 막는다

3. 겉싸개도 박아서 만든다

4. 박은 싸개를 뒤집는다

5. 베개 속과 겉싸개의 모습

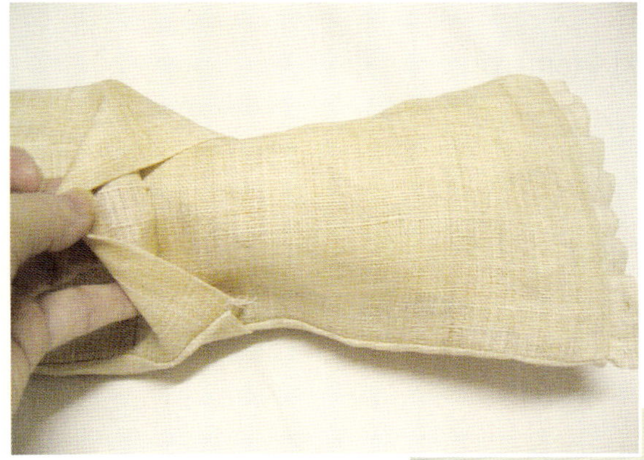

6. 싸개를 씌운다

7. 싸개를 씌워 완성한
   수의 베개

12. 염포

염포란 전통적인 수의 품목에서는 수의를 입힌 시신을 둘러 감쌀 때 사용하는 소렴금이나 입관시의 대렴금을 합친 용도로 이용되는 현대에 새로 생긴 품목이라고 할 수 있기 때문에 전통적인 수의에서는 나타나지 않는다.

(1) 본뜨기

옷감의 절약과 편의를 위해 겹치는 부분이 삭제된 이불의 형태를 하고 있으며, 실측치를 기준으로 한 참고치수는 다음과 같다.

염포의 참고치수(cm)

염포길이	420-450
날개길이	175-185

염포 본뜨기

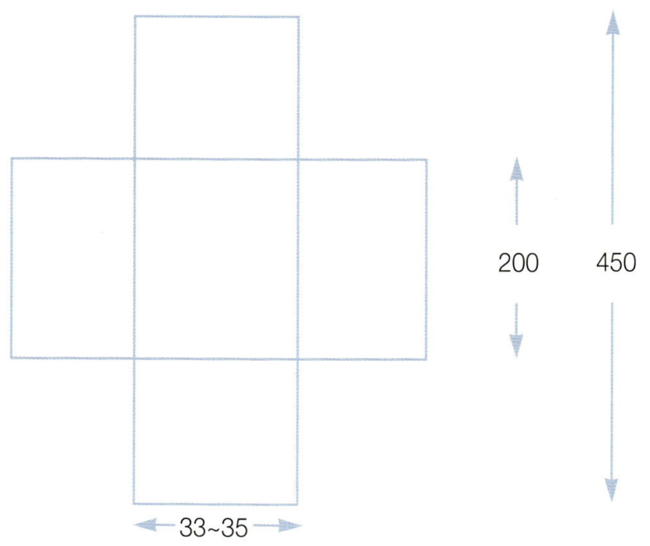

(2) 옷감 필요량

염포는 한 폭을 다 사용하여 길이로 되어 있고, 옆에 날개처럼 붙여서 만들며 필요한 옷감의 계산법과 필요량은 다음과 같다.

옷감 계산법과 필요량(cm)

옷감의 나비(cm)	옷감 계산법	필요량
33-35	염포길이+날개길이×2+시접분	750-850(10마정도)

(3) 마름질

염포 마름질

염포 길이	날개 길이	날개 길이

(4) 바느질

1. 날개를 박아서 붙인다

2. 양쪽 날개를 다 붙인다

3. 위 아래단을 박는다

4. 완성된 모습

13. 턱받이

턱받이는 잘 사용하지 않기도 하지만 간혹 찾는 사람도 있기 때문에 만들어 보기로 한다.

본뜨기는 필요치 않으나 가로 25cm, 세로 8-10cm의 마름모통형이나 삼각형으로 만들어 속을 약간 채워 부피감을 주고, 양쪽에 30cm 정도의 끈을 달아주면 된다.

(1) 바느질

1. 턱받이 본 배치

2. 끈을 박아 만든다

3. 끈 박음이 겉으로 나타나지 않도록 안에
   넣고 박는다

4. 겉감끼리 마주보는 사이에 끈을 넣고
   박은 모습

5. 양쪽을 같은 방법으로 끈을 단다

6. 창구멍을 남기고 박는다

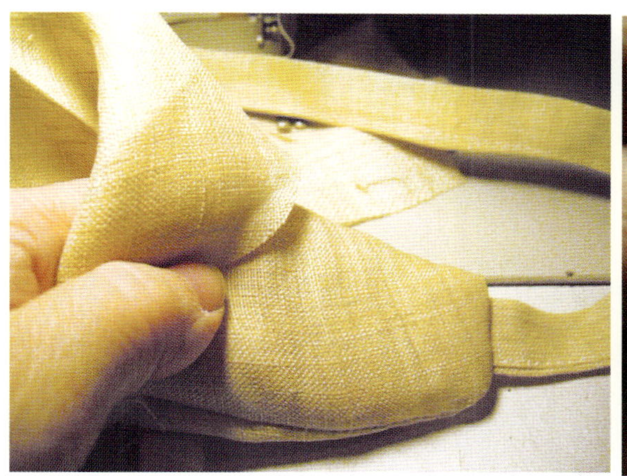

7. 창구멍으로 뒤집는다

8. 자투리 감으로 속을 채운다

9. 속을 채운 후 창구멍을 막는다

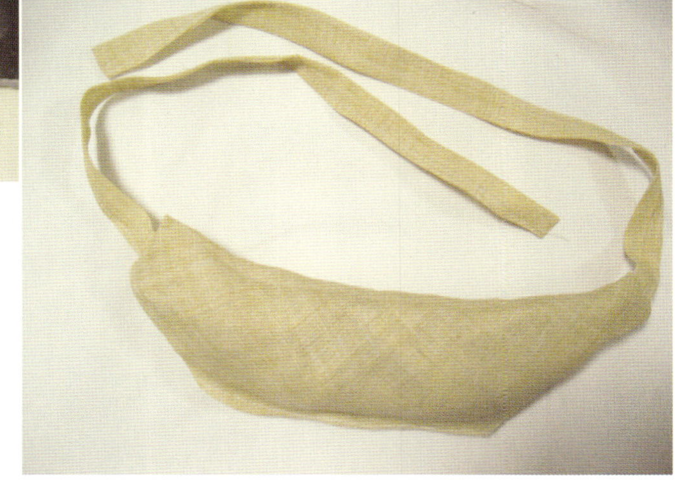

10. 완성된 모습

14. 매질용 포

  매질은 탈관할 때 필요한 끈으로 수의를 입히고 이불로 싼 시신을 묶기 위해서 한 폭의 베를 길이에 따라 잘라서 사용한다. 한 조각의 양쪽을 세 갈래로 하여 묶으며 지역에 따라 다르기도 하지만 대부분의 지역에서 7조각을 한다.

  전체적으로 12마-15마 정도(1200-1500cm) 정도면 매질이 가능하며, 머리 부분과 종아리, 발 부분은 조금 짧게 하고 가슴과 배, 허벅지 부분은 조금 넓게 하면 매질하기에 수월하므로 다음과 같이 재단하여 사용하면 편리하다.

매포 마름질 배치

Ⅲ · 수의 관리 및 입히기

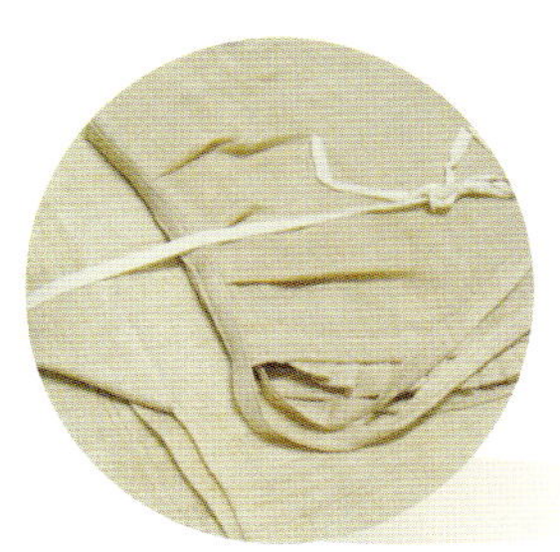

1. 수의의 관리

만들어진 수의는 보자기에 싸거나 종이에 싸서 오동나무 상자나 한지상자 등 옷을 보관하는 상자에 넣어 서늘하고 건조한 곳에 보관한다. 좀이 스는 옷감일 경우 좀약을 넣기도 하지만 1-2년에 한번씩 볕이 좋은 날 그늘에서 거풍을 해주면 좋다.

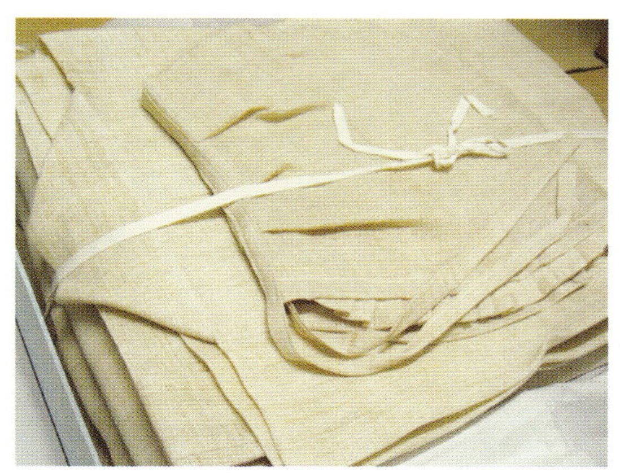

1. 상자 속에 수의를 잘 개켜 놓은 모습

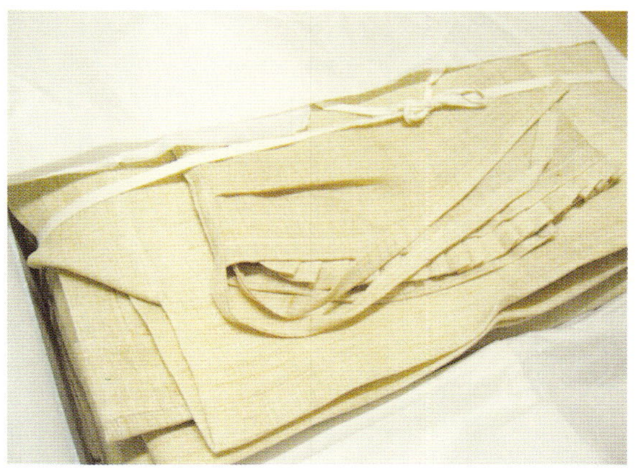

2. 종이로 감싼다

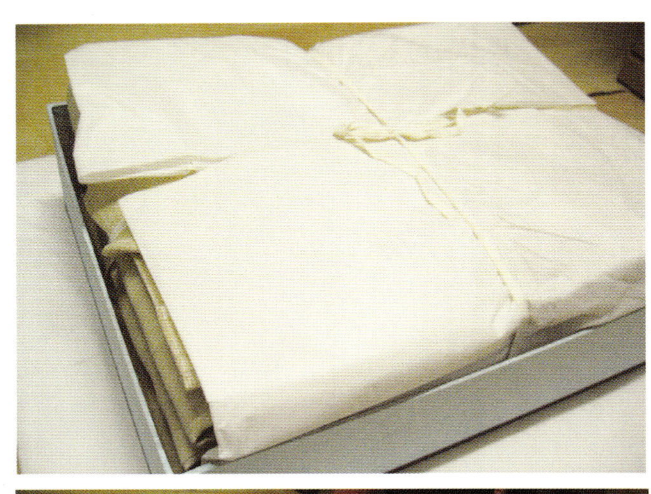

3. 종이로 감싼 후 끈으로 묶어
   뚜껑을 닫아 보관한다

4. 뚜껑을 닫은 한지 상자

5. 보자기로 상자까지 싼 모습

2. 수의 입히기

수의는 옛날과 달리 요사이는 돌아가신 다음날 염습 시에 입혀드리게 된다. 장례식장에서 다른 사람들이 입혀드리지만 가족이 입혀 드리고 싶을 때나 특별히 본인이 입혀드리고 싶을 때, 유사시 등을 위해 간단히 소개하기로 한다.

1) 먼저 수의를 입힐 준비를 한다.

수의는 상의는 상의대로 겹치고, 하의는 하의대로 겹쳐서 입히기 쉽도록 준비 한 다음 입히는 순서대로 준비한다.

2) 탈지면이나 수건을 물이나 소독액 등을 적셔 꼭 짠 후 온 몸을 닦아 드린다.

이것이 목욕으로 목욕을 시키고 나서 오낭에 손발톱을 한번 정도 잘라 담고 손이나 발에 끼우거나 속에 넣어 악수를 채우고 버선을 신긴다.

3) 하의를 입힌다.

먼저 겹친 옷을 한 손에 끼우고서 발을 들고 다리 밑으로 한꺼번에 잡아 당겨서 한번에 허리까지 오도록 하여 양쪽을 입힌다. 이 때 허리 띠 등을 매듭을 짓지 않고 비틀어서 끼운다. 모든 매듭은 마찬가지로 한다.

4) 상의를 입힌다.

상의를 등 밑에 깔고 양팔 쪽으로 소매를 빼서 입히기도 하고, 깃을 접어서 잡고 갸리를 들어 밑에서부터 올려 입히기도 한다.

5) 입, 귀, 코 등 얼굴을 닦고 머리도 닦아서 준비를 한다.

6) 얼굴싸개를 머리 밑에 깔고 얼굴을 덮어씌운 다음 목 쪽에서 끈을 마무리한다.

7) 여모를 씌우고, 습신을 신긴 후 관에 입관한다.

8) 입관은 관 속에 포와 지요·베개를 깔고 수의를 입힌 시신을 넣은 다음 천금을 덮고 포로 마무리 한 다음 관 뚜껑을 덮는다.

9) 탈관을 할 경우 매질을 한 후 들 수 있는 포를 넣고 입관시킨다.